BOAS VIBRAÇÕES, VIDA BOA

VEX KING

BOAS
AMOR-PRÓPRIO
VIBRAÇÕES,
É A CHAVE PARA
VIDA
SUA FELICIDADE
BOA

Tradução: Alyda Sauer

ROCCO

Título Original
GOOD VIBES, GOOD LIFE
How Self-Love is
The Key to Unlocking Your Greatness

Originalmente publicado em 2021 por Hay House (UK) Ltd

Copyright do texto © 2021 by Vex King

O direito moral do autor foi assegurado.

Todos os direitos reservados.
Nenhuma parte desta obra pode ser reproduzida ou transmitida por meio eletrônico, mecânico, fotocópia, ou sob qualquer outra forma sem a prévia autorização do editor.

Direitos para a língua portuguesa reservados
com exclusividade para o Brasil à
EDITORA ROCCO LTDA.
Rua Evaristo da Veiga, 65 – 11º andar
Passeio Corporate – Torre 1
20031-040 – Rio de Janeiro – RJ
Tel.: (21) 3525-2000 – Fax: (21) 3525-2001
rocco@rocco.com.br
www.rocco.com.br

Printed in Brazil/Impresso no Brasil

CIP-Brasil. Catalogação na publicação.
Sindicato Nacional dos Editores de Livros, RJ.

K64b

King, Vex, 1987-
    Boas vibrações, vida boa: amor-próprio é a chave para sua felicidade / Vex King; tradução Alyda Sauer. – 1. ed. – Rio de Janeiro: Rocco, 2022.

    Tradução de: Good vibes, good life : how self-love is the key to unlocking your greatness
    ISBN 978-65-5532-216-3
    ISBN 978-65-5595-105-9 (e-book)

    1. Autodomínio. 2. Autoaceitação (Psicologia). 3. Conduta. 4. Técnicas de autoajuda. I. Sauer, Alyda. II. Título.

22-76212
    CDD-158.1
    CDU-159.947.5

Meri Gleice Rodrigues de Souza – Bibliotecária – CRB-7/6439

O texto deste livro obedece às normas do
Acordo Ortográfico da Língua Portuguesa.

Mãe, dedico este livro a você. Nossa vida tem sido dura, mas com sua força, sua fé e perseverança, você fez com que coisas incríveis acontecessem conosco.

Apesar de tudo que surgiu no seu caminho e todas as vezes que a decepcionei, você só me deu amor incondicional. Foi esse amor que a levou a se sacrificar e foi esse amor que sempre me fez sorrir. Você perdoava, abraçava, dava risada, inspirava, encorajava, curava e fez tudo o que podia para demonstrar que com amor tudo era possível. É por isso que estou aqui hoje, transmitindo o meu amor para os outros com as minhas palavras.

E meu pai – é claro que minha existência não seria possível sem você. Mesmo sem tê-lo conhecido bem, sempre senti sua energia me orientando quando eu mais precisava. Sei que meu nascimento foi muito importante para você. Espero que sinta orgulho de mim.

BOAS VIBRAÇÕES, VIDA BOA

Para finalizar, dedico este livro a todas as pessoas que têm um sonho, seja um sonho de apenas sobreviver ou de resistir a um dia muito difícil. Meu sonho era escrever um livro que pudesse mudar vidas positivamente mundo afora. Se eu consigo, você também consegue. Eu acredito em você. Espero que você também acredite.

Sumário

Introdução   11
O que é amor-próprio?   16

Parte Um: Uma questão de vibrações

Introdução   23
Falta alguma coisa na Lei da Atração   26
A Lei da Vibração   31
Só boas vibrações   35

Parte Dois: Hábitos de estilo de vida positivo

Introdução   41
Cerque-se de gente positiva   43
Modifique sua linguagem corporal   45
Faça uma pausa   48
Descubra sua inspiração   51
Mantenha distância de fofoca e de drama   53
Cuide do que come e bebe   57
Manifeste gratidão   60

Entenda suas emoções	65
Consciência do presente	70
Medite	74

Parte Três: Seja sua prioridade

Introdução	81
Controle o seu comportamento	84
O poder de bons companheiros	88
Tenha amizades verdadeiras	93
Enfrentando a família	97
Estar presente para os outros	101
Lidar com pessoas negativas	105
Querer agradar a todos	112
Deixe que suas boas vibrações protejam você	114
Ouse abandonar um emprego tóxico	116

Parte Quatro: Aceitar a nós mesmos

Introdução	121
Dê valor à sua beleza física	124
Só se compare a você mesmo	128
Dê valor à sua beleza interior	133
Comemore suas realizações	135
Respeite a sua singularidade	137
Seja bom e perdoe a si mesmo	143

Sumário

Parte Cinco: Manifestar objetivos: Trabalho mental

Introdução	149
A importância do pensamento positivo	150
Sua mentalidade é a sua realidade	153
Compreensão do subconsciente	155
Indo além dos pensamentos	156
Basta um pensamento	159
Modificando suas crenças	161
Repetindo afirmações	165
O poder das palavras	168
Determine suas intenções	170
Escreva seus objetivos	172
Imagine para vivenciar	175
Use os seus sentidos	177
O Universo apoia você	179

Parte Seis: Manifestar objetivos: Agir

Introdução	183
Mudança requer ação	185
O caminho fácil	187
Consistência leva a resultados	190
Comum ou extraordinário?	192
Procrastinação retarda seus sonhos	194
A sociedade das soluções imediatas	200
Troque prazeres efêmeros por ganhos duráveis	203
Fé *versus* medo	206
Fluir com o Universo	208

Parte Sete: Sofrimento e propósito

Introdução ... 213

Sofrimento faz com que as pessoas mudem ... 216

Lições que se repetem ... 218

Observe os sinais ... 220

Seu propósito maior ... 222

Dinheiro e ganância ... 227

Conquistar a verdadeira felicidade ... 230

Palavras finais ... 233

A missão do autor ... 235

Agradecimentos ... 238

Introdução

Passei três anos da infância sem endereço fixo. Minha família e eu moramos com parentes e, por períodos curtos naquela época, em abrigos para pessoas em situação de rua. Era grato por termos um teto, mas lembro que a experiência em abrigos foi muito assustadora.

Havia sempre figuras com aparência desagradável na porta que lançavam olhares fulminantes quando entrávamos no prédio. Eu tinha quatro anos, ficava com medo. Mas minha mãe me acalmava, dizia que tudo daria certo se olhássemos para baixo e fôssemos direto para o quarto.

Saímos uma noite e quando voltamos havia sangue na escada e nas paredes do corredor. Cacos de vidro cobriam o chão. Minhas irmãs e eu nunca tínhamos visto algo tão apavorante antes. Olhamos para mamãe. Senti o medo dela. E mais uma vez, corajosa, ela nos disse para andar com cuidado entre os cacos de vidro e subir para o nosso quarto.

Ainda abalados com o que tínhamos visto, minhas irmãs e eu tentamos elaborar o que tinha acontecido lá embaixo, no corredor do abrigo. Então ouvimos choro e gritos, depois uma barulheira caótica. Foi aterrador.

Mais uma vez recorremos à nossa mãe para nos acalmar. Ela nos puxou para perto e disse que não devíamos nos preocupar, mas pude ouvir seu coração disparado. Ela estava tão assustada quanto nós.

Naquela noite dormimos bem pouco. Os gritos não paravam. Fiquei surpreso de a polícia não ter aparecido e por ninguém tentar acabar com aquilo. Era como se ninguém se importasse com a segurança das pessoas ali. Como se ninguém ligasse para nós. Só tínhamos uns aos outros num mundo que parecia frio e corrompido.

Quando converso sobre essas lembranças com amigos e com minha família, eles ficam chocados com o tanto que consigo lembrar. Muitas vezes perguntam "Como consegue se lembrar disso tudo? Você era muito pequeno!". Não me lembro de tudo e minhas lembranças não são perfeitas em todos os detalhes. Mas lembro bem do que senti na maior parte das minhas experiências, boas e más. Havia muita emoção naqueles acontecimentos e essas lembranças me assombraram por muito tempo.

Na adolescência, desejei que muitas dessas lembranças desaparecessem. Queria apagá-las para poder esquecer das batalhas que enfrentei quando criança. Eu tinha vergonha de algumas. Ficava constrangido com quem eu era. Às vezes dizia e fazia coisas que não combinavam com a criança que eu era lá no fundo. Sentia que o mundo me maltratava e queria machucá-lo de volta.

Agora as coisas estão diferentes. Olho para trás, para minhas lembranças, e aceito tudo o que aconteceu. Há uma lição a ser aprendida em cada ocasião.

Entendo que todos os acontecimentos bons, ruins e terríveis fazem parte da pessoa que me tornei.

Introdução

Embora alguns deles tenham sido dolorosos, são também uma bênção – foram um grande aprendizado. Minhas experiências me deram disposição para encontrar uma saída daquele sofrimento e um caminho para uma vida melhor.

Escrevi este livro para compartilhar as lições que aprendi, com a esperança de que darão alguma clareza e servirão para orientar outras pessoas a viver o que chamo de "uma vida maior". Cabe a você aproveitar o que preferir das minhas histórias. Aceito o fato de que algumas serão compreendidas e outras serão desagradáveis. Mesmo assim, acredito que se aplicar os conceitos que apresento neste livro terá mudanças positivas incríveis na sua vida.

Não sou filósofo, psicólogo, cientista nem líder religioso. Sou apenas alguém que gosta de aprender e de partilhar com os outros o que aprendeu, esperando que se livrem de sentimentos indesejados e que tenham mais sentimentos de alegria.

Acredito que todas as pessoas nesse planeta estão aqui para fazer diferença. Eu me dedico a ajudar cada um a descobrir seu propósito para que possa aprimorar o nosso mundo, tão turbulento e confuso. Se pudermos nos tornar coletivamente cidadãos conscientes nesse planeta, diminuiremos a sobrecarga que impomos a ele. Ao viver seu potencial por inteiro, além de mudar seu mundo, você mudará o mundo à sua volta também.

Algumas pessoas se contentam com a mediocridade. Evitam viver uma vida maior, a que está além do que a maioria considera a norma. Uma vida maior requer que você encontre a sua grandeza. Simplificando, grandeza é se tornar a maior versão de você mesmo. É romper as fronteiras imaginárias que o aprisionam numa vida com a qual você acha que precisa se conformar, e tocar os limites do impensável. A mentalidade da grandeza significa viver uma vida sem limites, com possibilidades infinitas.

Por isso não podemos definir onde começa ou termina essa grandeza. Só podemos batalhar para sermos melhores.

> *Pare de querer impressionar as pessoas.*
> *Impressione a você mesmo.*
> *Amplie-se.*
> *Prove-se.*
> *Seja a melhor versão que pode ser de você mesmo.*

Este livro pede que você se comprometa com um você melhor *agora*. Meu objetivo é ajudá-lo a se tornar melhor do que a pessoa que você foi ontem, todos os dias, de todas as maneiras, pelo restante da sua vida. Se acordar desejando isso e se empenhar conscientemente para fazê-lo, ficará surpreso com toda a inspiração que terá. Sua vida vai começar a refletir seu comprometimento com o progresso.

Grandeza não é um termo com apenas uma dimensão. Apesar de ser subjetivo, muita gente associa a palavra a algum talento especial, muito dinheiro ou bens materiais, autoridade ou status e grandes realizações. Mas a verdadeira grandeza é mais profunda do que isso. Não pode existir sem propósito, amor, altruísmo, humildade, gratidão, bondade e, é claro, nossa prioridade máxima enquanto seres humanos, felicidade. Quando penso em grandeza, penso em atingir um nível de maestria em todos os aspectos da vida e em causar um impacto positivo no mundo. A grandeza das pessoas não está só nos maiores apostadores da vida, e, sim, naqueles que consideramos habitantes maravilhosos desse mundo.

Você merece uma vida maior e este livro vai ajudar a criá-la.

Introdução

> **OBJETIVO DIÁRIO**
>
> Ser melhor do que fui ontem.

Publique fotos ou suas imagens preferidas, páginas, citações e experiências relativas a este livro na mídia social usando #VexKingBook para que eu possa curtir e incluir na minha página.

O que é amor-próprio?

Para ter uma sensação de paz precisamos de equilíbrio: equilíbrio entre trabalho e lazer, entre ação e paciência, gastar e economizar, riso e seriedade, sair e ficar. Se não tiver equilíbrio em todas as áreas da vida você se sentirá exaurido em meio a muitas outras emoções desagradáveis, como a sensação de culpa.

Eis um exemplo de equilíbrio entre ação e paciência. Se você é o líder de projeto do trabalho de conclusão de curso da universidade e pega um membro do grupo postando nas redes sociais quando devia ajudar a equipe, pode deixar passar. Se a pessoa faz isso várias vezes e você nota que a produtividade no projeto diminuiu, pode avisar que se isso continuar terá de reportar esse comportamento ao responsável pelo curso. Se a pessoa resolver ignorar isso e persistir na falta de colaboração você se sente culpado de tomar essa atitude?

Se você é um ser humano bondoso e compassivo, talvez tema magoar a pessoa e criar problemas para ela. Se reclamar para o responsável pelo curso, o colega pode ter de enfrentar consequências sérias que vão influenciar a nota final e isso pode afetar o futuro dele, ou dela. No entanto, essa pessoa está desrespeitando você e ignorando seus avisos. Você pode achar que ele ou ela está abusando da sua bondade. E talvez se preocupe porque outros membros do projeto ficarão desanimados se considerarem sua leniência como favoritismo.

Nesse exemplo, se você é bondoso e honesto, se segue um processo justo, não precisa se sentir culpado de tomar uma providência.

É importante reconhecer que não é injusto se desapegar daqueles que não se importam com você.

Como líder do projeto você vai lembrar que fez tudo que pôde e que infelizmente seu amigo preferiu não reconhecer e reagir. Se você não tomar uma atitude, arrisca perder sua paz interior, o respeito do seu grupo e pode prejudicar a sua nota final.

Assumindo uma abordagem equilibrada você pode ficar mais à vontade e evitar sensações ruins, como a de culpa. Você demonstra ação e paciência. Pode mostrar que é compreensivo e que sabe perdoar, além de ser firme e agir com autoridade. E pode ser que mesmo que o colega se aborreça com a sua decisão ele ainda o respeite por ter lhe dado uma chance.

E o que isso tem a ver com amor-próprio? Bem, essa expressão muitas vezes é mal interpretada. Amor-próprio envolve aceitação, mas muita gente usa como desculpa para jamais ser questionada. O fato é que amor-próprio consiste em dois elementos essenciais que precisam estar equilibrados se queremos ter uma vida harmoniosa.

O primeiro elemento estimula amor incondicional por você mesmo. Com foco na sua mentalidade. Você não vai se amar mais se, por exemplo, perder ou ganhar peso, ou se fizer uma plástica. Claro que pode ficar mais confiante, mais seguro. Mas o verdadeiro amor-próprio é você dar

*Amor-próprio é o equilíbrio
entre aceitar o que somos,
sabendo que merecemos mais,
e batalhar por isso.*

O que é amor-próprio?

valor a quem você é e a onde você está, independentemente de qualquer transformação que aspire.

O segundo elemento leva ao crescimento, com foco na ação. Aprimorar você mesmo e sua vida também é amor-próprio porque significa que você reconhece que merece mais do que se conformar com a mediocridade.

No que diz respeito ao amor-próprio, pense no que significa amar os outros incondicionalmente. Por exemplo, sua companheira ou seu companheiro podem ter hábitos irritantes, mas nem por isso você os ama menos. Você os aceita como são e às vezes até aprende com seus defeitos. E também deseja o melhor para ele ou ela. Portanto, se algum hábito específico prejudica sua saúde, você os apoia com mudanças positivas. Isso demonstra seu amor incondicional por ela ou ele. Não julga nem condena, mas quer que sejam a melhor versão deles mesmos, para o bem dele ou dela. Amor-próprio é aplicar isso para si: o que é essencialmente melhor para você.

O verdadeiro amor-próprio pode estar presente em qualquer coisa que acrescente valor à sua vida, desde uma dieta até seus rituais espirituais, ou como você interage em seus relacionamentos pessoais. E, é claro, um aspecto significativo do amor-próprio é a aceitação: a satisfação com quem você é, do jeito que você é. Resulta que amor-próprio promove empoderamento e liberdade.

Quando compreendemos o amor-próprio, encontramos o equilíbrio entre mentalidade e ação. Sem equilíbrio tropeçamos sempre, caímos e ficamos perdidos. Se nos amamos a vida passa a amar a gente também.

O equilíbrio entre a sua mente e seus atos faz com que você vibre mais forte. Vamos explorar isso mais adiante, nos próximos capítulos.

PARTE UM

Uma questão de vibrações

Introdução

Meu tempo na universidade foi de dificuldade financeira. Eu tinha recebido um empréstimo estudantil, mas a maior parte ia para o alojamento universitário. Tinha pouquíssimo para viver. Não podia comprar nenhum livro das matérias, porque não tinha como pagar. Não pedia dinheiro para a minha mãe porque sabia que ela também enfrentava dificuldades. Sabia que se pedisse ela arranjaria o dinheiro para mim, de alguma forma, como fez a vida inteira, mesmo se ficasse sem comer.

Eu quase sempre organizava bem as despesas. Dava para sair com meus amigos regularmente, nunca passei fome e não precisava usar as mesmas roupas o tempo todo. Ganhava algum dinheiro em tarefas on-line, como montar layouts de páginas sob encomenda no MySpace.

Em um semestre no verão, voltei para casa de férias. Não tinha mais dinheiro e tudo parecia muito difícil. Não queria retornar para a universidade porque não gostava da carga de trabalho e não tinha motivação para completar minhas tarefas de verão. Passei grande parte do ano estudando muito, por isso fui forçado a arranjar um emprego de verão para poder sobreviver quando voltasse para a universidade. Todos os meus amigos estavam planejando suas merecidas férias juntos e eu não tinha como pagar. Além disso, enfrentava problemas com uma menina.

O drama dos meus relacionamentos românticos e platônicos me deixava com raiva, não gostava da minha vida.

Uma noite descobri um livro chamado *O Segredo*.[1] As pessoas diziam que tinha mudado suas vidas e que *todos* podiam se beneficiar com ele. O livro se baseava num princípio simples: a Lei da Atração.

A premissa da Lei da Atração é que o que você pensa acontece. Em outras palavras, podemos atrair as coisas que queremos na vida empenhando nossos pensamentos nelas. Isso se aplica ao que não queremos, da mesma forma que se aplica ao que queremos. É simples, o alvo da sua concentração, seja qual for, volta para você. Dessa forma, a Lei da Atração enfatiza a importância de pensar no que queremos, em vez de nos concentrar em coisas que tememos e que nos ameaçam.

A Lei da Atração dá muita ênfase ao pensamento positivo.

Pareceu bom demais para ser verdade, então comecei a pesquisar mais e li sobre pessoas que afirmavam que a Lei da Atração estava provocando mudanças espantosas nelas. Será que eu poderia aplicar isso na minha vida também?

Eu sabia exatamente o que queria: sair de férias com meus amigos. Precisava de umas 500 libras para isso acontecer. Então segui as orientações gerais e procurei ser o mais positivo possível.

Mais ou menos uma semana depois recebi uma carta da receita dizendo que eu possivelmente tinha pagado imposto a mais. Seria isso um sinal de que a Lei da Atração estava funcionando? Preenchi o formulário

---

1 Byrne, R., *O segredo* (Sextante, 2015).

com mais detalhes e enviei de volta o mais rapidamente possível. Passou uma semana e não tive resposta. Meus amigos estavam se preparando para reservar as férias e me senti péssimo de não poder ir com eles. A restituição de imposto potencial não saía da minha cabeça.

Cada vez mais frustrado, liguei para a receita e perguntei se tinham recebido minha carta. Eles confirmaram que sim, e que eu teria notícias em breve. Nesse ponto fiquei animado, mas o tempo estava acabando. As aulas de verão iam terminar e meus amigos iam viajar logo.

Mais uma semana e nada. Eu já estava desistindo da ideia e disse para meus amigos reservarem o passeio sem mim. Resolvi me concentrar em outra coisa e cuidei do meu humor lendo artigos motivacionais. Pelo menos isso faria com que me sentisse melhor com a vida.

Depois de mais alguns dias, chegou um envelope da receita. Abri nervoso. Dentro havia um cheque de 800 libras. Fiquei chocado, espantado e felicíssimo. Fui correndo ao banco depositar o cheque. Cheques normalmente levam cinco dias para cair na conta, mas esse entrou três dias depois.

Na segunda-feira seguinte meus amigos e eu reservamos a viagem de férias de última hora e pegamos o avião quatro dias depois. A viagem foi ótima. Mas o mais importante é que me vi acreditando na Lei da Atração.

Resolvi que ia usar aquilo para mudar toda a minha vida.

Falta alguma coisa na Lei da Atração

Para que a Lei da Atração funcione você tem de pensar positivamente. Só que é difícil ser positivo o tempo todo. Quando as coisas dão errado na vida, ou não são exatamente o que esperávamos, é difícil continuar otimista.

As pessoas em geral me consideravam um indivíduo positivo. Mas quando as coisas não iam bem eu não era nada disso. A raiva sempre levava a melhor. Às vezes acontecimentos externos geravam tanta fúria em mim que eu tinha vontade de quebrar tudo ao redor. Assim entrei numa espiral descendente. Flutuava sempre entre altos e baixos. Era como se eu fosse duas pessoas. As inconsistências se projetavam na minha vida. Tinha períodos muito bons e depois entrava nos péssimos. Nos ruins era impossível ver o lado bom das coisas. Eu costumava me entregar e descarregar minhas frustrações no mundo, destruindo mobília, agredindo as pessoas verbalmente e reclamando que era horrível viver nesse mundo.

No último ano da universidade tive um problema sério num projeto coletivo que representava uma percentagem significativa da minha nota final, quando meu grupo ficou dividido quanto à contribuição que cada um dava. Tentei ser otimista e achava que ia acabar bem. Mas não acabou bem, ficou muito feio.

De repente ficou claro que a Lei da Atração nem sempre funcionava. Meu grupo se dividiu todo, sempre discutindo sobre nossas funções individuais e qual era a contribuição de cada um, poucos meses antes da formatura. As coisas escaparam do controle e trocamos insultos. Infelizmente não havia como resolver o problema. Meu amigo Darryl e eu achamos que fomos injustiçados, mas não pudemos fazer nada além de trabalhar dez vezes mais, com prazos iminentes que pareciam impossíveis de cumprir, especialmente somados ao restante da nossa carga de trabalho. Nos convencemos de que íamos fracassar nos projetos e nas provas, e que não íamos nos formar. A sensação foi de ter desperdiçado todo o tempo na universidade.

Eu tinha entrado para a universidade porque achava que devia. Era o que as pessoas faziam quando queriam um bom emprego e uma vida confortável, coisa que não tive na infância. Mas lá no fundo eu não queria estar lá. Não gostava. Sempre soube que ia acabar tendo um emprego tradicional. Fazia aquilo pela minha mãe, mais do que qualquer outra coisa. Vi minha mãe batalhar com dificuldade a vida toda e queria mostrar para ela que não tinha sido em vão.

E agora, tão perto da linha de chegada, eu ia perder tudo. Não parava de pensar que ia decepcionar minha mãe, a mim mesmo, e em todo o dinheiro desperdiçado em um diploma que eu não ia conseguir. Tudo aquilo ia dar em nada. Fui tomado por pensamentos negativos.

Disse para minha mãe que ia largar a universidade, que não tinha motivo para estar lá. Eu odiava o curso e o que estava acontecendo comigo era injusto. Minha fúria precisava de um bode expiatório, então botei a culpa na minha mãe por tudo aquilo. Com paciência e carinho, ela tentou me convencer a ficar e fazer o melhor possível, mas, com raiva, eu só discuti mais ainda com ela.

Estava farto de tantos problemas e queria deixar tudo para trás. Não tinha razão para viver e nenhum propósito na vida. A depressão fez com que me lembrasse das piores coisas que aconteceram e isso foi mais lenha na fogueira para me convencer de que minha vida não valia nada. De que adiantava sonhar se jamais tornaria esses sonhos realidade? Eu me convenci de que estava vivendo uma mentira e me iludindo ao pensar que podia realizar grandes coisas.

Naqueles dias tive certeza de que não era destinado a grandes feitos. Pesquisei sites com ofertas de emprego e me candidatei a uma série de funções que pareciam interessantes e pagavam bem, apesar de não ser qualificado para elas. Achei que se conseguisse um não pareceria mais um fracassado e pelo menos teria algum dinheiro para ajudar minha família a pagar suas dívidas, contas e gastos, inclusive o casamento das minhas irmãs. Nas cartas de apresentação expliquei que apesar de não ter as qualificações seria o funcionário perfeito. Ninguém respondeu.

Lá no fundo eu sabia que não podia largar a universidade tendo chegado tão longe. Gastei muita energia procurando fugir do problema, mas agora era hora de encarar o que precisava ser feito e torcer pelo melhor resultado.

Mas primeiro tinha de comparecer ao casamento da minha irmã mais velha. E isso significava mais pressão. Para ir eu precisava entregar um trabalho antes do prazo e me ausentar da universidade dois meses antes das provas finais, coisa que ia me prejudicar ainda mais. Revoltado, disse para a minha família que não podia ir ao casamento, mesmo sabendo que ia me arrepender de perder um acontecimento tão importante. No fim das contas eu fui, mesmo relutante.

E assim que cheguei lá aconteceu algo inesperado. Eu me senti calmo e à vontade. O casamento foi em Goa, na Índia, e foi lindo. Todos entusiasmados de felicidade e de amor pela minha irmã e por seu novo marido. Sinceramente, naquele ponto eu não estava tentando ser positivo. Estava acostumado a me sentir para baixo e com pena de mim mesmo, e queria que os outros sentissem isso também por mim. Mas aquele ambiente novo gerou uma mudança bem-vinda. Pela primeira vez em muitos anos senti gratidão.

Nunca esquecerei o casamento da minha irmã. E aprendi muito sobre o funcionamento do Universo.

Voltei para casa e trouxe o sentimento de positividade comigo. Eu me senti bem e muito calmo diante do caos ao redor. E aquela firmeza renovada foi motivação para terminar o que tinha de ser feito.

Fiz uma tabela fictícia de notas apresentando a nota final que teria para me formar. Olhava para ela alguns minutos todos os dias e fingia que a ótima nota na tabela era verdadeira. Não acreditava que ia conseguir isso tudo, era só um desejo. Mas mesmo assim eu *acreditava* que ia me dar bem.

Resolvi ir à biblioteca todos os dias e ficava lá horas a fio. Eu me empenhei com muito mais afinco para terminar o projeto de grupo. Nos intervalos, procurava bater papo com pessoas positivas que me faziam ficar bem comigo mesmo. Uma delas era a mulher por quem acabaria me apaixonando pelo restante da vida.

Quanto às provas finais, entrega de trabalhos e apresentações de final de ano, achei que tinha me saído bem. Não obtive as notas que escrevi na minha tabela, mas passei com folga. E tirei nota máxima em uma das provas mais difíceis do curso, o que foi uma surpresa.

Continuei tendo sucesso com a Lei da Atração. Mas em geral os resultados eram acertos e erros. Sabia que estava faltando alguma coisa.

Quando descobri o que era, passei a acertar mais. E testei isso em outras pessoas para ver se também se beneficiavam da minha descoberta. A resposta foi positiva. Muitas delas conseguiram coisas que sempre pareceram impossíveis.

Nem tudo que eu quis aconteceu. Isso foi como uma bênção disfarçada. Exagerei nas coisas que acreditava querer e precisar, mas era tudo pelos motivos errados. Fui ganhando clareza nos anos seguintes e suspirei de alívio por não ter conseguido o que pensava que era bom para mim. Muitas vezes o que eu queria não acontecia e acabava descobrindo que tinha recebido muito mais.

A Lei da Vibração

O Universo reage à sua vibração.
Devolve toda a energia que você produz.

Além da Lei da Atração existe a Lei da Vibração. É o comportamento-chave para uma vida mais significativa. Quando você aprende e aplica as ideias dessa lei, sua vida se transforma. Não é que vá evitar todas as dificuldades. Você vai descobrir uma maneira de controlar e criar uma vida que seja tão boa quanto parece.

Um dos primeiros a escrever sobre autoajuda foi Napoleon Hill. Seu livro de 1937, *Pense & enriqueça*[2] continua sendo um dos mais vendidos de todos os tempos, e muitos gurus do empreendedorismo seguem orientações dele para obter sucesso. A pesquisa de Hill para escrever o livro incluiu 500 entrevistas com homens e mulheres bem-sucedidos para descobrir o que tinham feito para chegar lá. Ele então compartilhou as informações que obteve deles. Entre outras conclusões, ele afirmou: "Somos o que somos graças às vibrações de pensamentos que captamos e registramos através dos estímulos do ambiente no dia a dia." Hill se refere muito ao

---

2 Hill, N., *Pense & enriqueça* (BestSeller, 2019).

conceito de "vibração" em seu livro e vocês verão bastante a palavra "vibração" (hoje abreviada para "vibe") no meu livro também.

Mas nas edições mais recentes do livro de Hill todas as menções da palavra "vibração" foram removidas. Talvez o editor tenha achado que o mundo não estava preparado para o conceito de Hill. Mesmo hoje as leis metafísicas da vibração são criticadas pela falta de provas científicas. Apesar disso houve várias tentativas de explicar a Lei da Vibração. O cientista dr. Bruce Lipton e o escritor Gregg Braden estão entre os vanguardistas que constroem uma ponte sobre a lacuna entre a ciência e a espiritualidade.[3] Suas ideias sobre a influência dos pensamentos em nossas vidas apoiam o conceito sugerido pela Lei da Vibração, mesmo que alguns considerem nada além de pseudociência moderna.

Apesar disso, descobri que a Lei da Vibração funciona para mim e me ajuda a encontrar o sentido da vida, e sei que muitos também já fizeram essa descoberta. Vi mudanças milagrosas ocorrendo com o uso da Lei da Vibração e se você passar a acreditar nisso ou se ficar do outro lado do muro aprenderá neste livro que a Lei da Vibração não prejudica ninguém. Às vezes a experiência em primeira mão vale mais do que qualquer dado avaliado com números e gráficos.

Então o que é a Lei da Vibração?

Para começar, lembre que tudo é feito de átomos e que cada átomo é uma pequena vibração. Portanto, toda matéria e energia é vibracional por natureza.

---

[3] Lipton, B.H., *A biologia da crença* (Butterfly, 2007); brucelipton.com; greggbraden.com; "Sacred knowledge of vibrations and water" (Gregg Braden em Peryiad VidWorks, YouTube, agosto de 2012).

Lembre-se de quando aprendeu na escola que sólidos, líquidos e gases são diferentes estados da matéria. A frequência das vibrações no nível molecular define qual estado é e como ele aparece para nós.

A realidade como a percebemos acontece através da combinação de vibrações. Ou seja, para que a realidade seja percebida temos de ter vibrações compatíveis com as dela. O ouvido humano, por exemplo, só ouve ondas de som que ficam entre 20 e 20.000 vibrações por segundo. Não quer dizer que não existem outras ondas sonoras. Só que nós não as percebemos. Quando sopramos um apito para cães, a frequência está acima do campo vibracional do ouvido humano, por isso não existe para nós.

No livro *The Vibrational Universe*[4] o autor espiritual Kenneth James Michael MacLean escreve que nossos cinco sentidos, nossos pensamentos e também matéria e energia, *todos* vibram. Ele argumenta que a realidade é a percepção definida pela interpretação vibracional. Nosso Universo é claramente um mar profundo de frequências vibratórias, isto é, a realidade é um éter vibracional que reage às mudanças nas vibrações.

Se o Universo reage aos nossos pensamentos, palavras, sentimentos e atos — porque, segundo MacLean, tudo é vibracional —, então a Lei da Vibração supõe que podemos controlar a nossa realidade.

> *Mude seu jeito de pensar, sentir, falar e agir*
> *e vai começar a mudar o seu mundo.*

Para tornar uma ideia real, ou melhor, para trazê-la para a sua percepção, você deve igualar sua frequência de vibração com a dela. Quanto mais "real" ou sólida for alguma coisa para você, mais próximo dela estará sua

---

4 MacLean, K.J.M., *The Vibrational Universe* (The Big Picture, 2005).

vibração. É por isso que quando acreditamos em alguma coisa e agimos como se fosse verdade, aumentamos as chances dessa coisa chegar à nossa realidade física.

Para receber ou perceber a realidade que desejamos temos de estar em harmonia energética com esse desejo. Nossos pensamentos, emoções, palavras e atos devem se alinhar com o que queremos.

Isso pode ser representado por dois diapasões calibrados na mesma frequência. Acionamos um, ele começa a vibrar e o segundo também, intocado. A vibração do diapasão que tocamos passa para o outro porque estão afinados na mesma frequência: estão em harmonia vibracional. Se *não* estiverem em harmonia, a vibração do primeiro que acionamos não vai ser transferida para o segundo.

Do mesmo modo, para ouvir uma estação de rádio específica você tem de sintonizar a frequência daquela estação. É a única maneira de ouvir aquela rádio. Se sintonizar em uma frequência diferente vai ouvir outra estação.

Quando você está em ressonância vibracional com alguma coisa, começa a atraí-la para a sua realidade. A melhor maneira de identificar a sua frequência é através das suas emoções: elas são o verdadeiro reflexo da sua energia. Às vezes achamos que somos positivos ou que estamos fazendo o bem, mas lá no fundo sabemos que não é assim, que estamos só fingindo. Se prestarmos atenção às nossas emoções veremos a verdadeira natureza das nossas vibrações e saberemos o que estamos atraindo para a nossa vida. Se nos sentimos bem, teremos bons pensamentos e o resultado será ações positivas.

Só boas vibrações

Boas vibrações são simplesmente estados mais elevados de vibração.

As palavras *bom* e *positivo* podem ser usadas para descrever algo desejável. Por exemplo, toda vez que você rotula uma experiência do passado como boa ou positiva, está se referindo dessa maneira porque aconteceu como você esperava — ou pelo menos não foi tão ruim como podia ter sido.

O fato é que você quer as coisas que deseja porque elas fazem com que se sinta bem. Tudo que desejamos na vida é um estado emocional prazeroso e o que queremos evitar é o desprazer. A maioria de nós acha que concretizando nossos desejos vamos encontrar a felicidade.

Como a emoção é uma das vibrações mais poderosas que podemos controlar e já que buscamos basicamente as emoções positivas, dá para entender que nossa missão na vida é vivenciar boas vibrações. Pense só: quando você se sente bem sua vida também parece boa. Se pudesse sentir boas vibrações sem parar, sempre veria a vida de forma positiva.

O médico Hans Jenny é conhecido por ter inventado o termo "cimática" para o estudo do som e da vibração visíveis. Uma de suas experiências mais conhecidas mostra o efeito do som na areia jogada sobre uma placa de metal que vibra em diferentes frequências provocadas por um arco de violino roçando nas bordas. São formados vários desenhos dependendo das diversas frequências. Com vibrações mais agudas vemos desenhos intrincados e belos. Com vibrações mais graves as formas são menos atraentes. Então a vibração mais alta cria efeitos mais prazerosos.

O ideal para nós é sentir o máximo de amor e alegria na vida. Esses são os sentimentos que vibram mais alto e que nos ajudam a manifestar mais o que queremos — e, por extensão, mais boas vibrações. Em contraste, os sentimentos como ódio, raiva e desespero têm vibração muito baixa. Atraem mais do que nós não queremos.

Com base no princípio da Lei da Vibração, para receber boas vibrações precisamos projetar boas vibrações. Somos transmissores e receptores de frequências vibracionais, por isso as vibrações que transmitimos estão sempre atraindo coisas que vibram na mesma frequência que nós. Dessa forma os sentimentos que lançamos no Universo voltam para nós com vibrações semelhantes. Se você lança sentimentos alegres receberá mais motivos para sentir alegria. Um equívoco comum é pensar que só vamos nos sentir bem quando obtivermos o que queremos. A verdade é que você pode se sentir bem *agora* mesmo.

No fim das contas o amor-próprio e a elevação do nível das suas vibrações andam de mãos dadas. Quando você se esforça para elevar sua vibração exibe para si mesmo o amor e o carinho que merece. Você se sente bem e atrai coisas boas. Agindo de modo positivo e mudando sua mentalidade poderá manifestar coisas maiores. Ame você mesmo e terá a vida que ama.

Os sentimentos que projetamos retornam com base em vibrações semelhantes em nossas experiências.

PARTE DOIS

Hábitos de estilo de vida positivo

Introdução

Estados mais elevados de vibração nos ajudam a nos sentir bem e assim podemos manifestar mais coisas boas na nossa vida.

Nosso objetivo é ficar bem vibrando mais alto. Há muitos hábitos no estilo de vida que podem nos ajudar a fazer isso e a conquistar mais alegrias e bem-estar.

Você pode modificar seu estado emocional com todo tipo de atividade que aumente sua vibração. Algumas são mais duradouras, enquanto outras só provocam bem-estar naquele momento.

Por exemplo, se está aborrecido por ter perdido a amizade de alguém talvez possa mudar seu estado emocional fazendo alguma coisa divertida com outros amigos. Outras maneiras de elevar sua vibração podem ser ter contato físico com alguém que ama, rir, ouvir música inspiradora, espalhar bondade, dormir profundamente, mover o corpo em qualquer outra atividade que goste. Mas depois terá de encarar seu sofrimento outra vez. Nada melhorou na sua mente, você só evitou o problema naquele momento.

Por outro lado, a prática da meditação pode modificar completamente o funcionamento do seu cérebro com o tempo. Meditação e a introspecção do estudo das emoções de baixa vibração podem ajudar a transformá-las em emoções com vibração elevada. A meditação é capaz de ajudá-lo a interpretar o fim de uma amizade de um jeito mais positivo. (Vamos explorar meditação mais adiante.)

Como tudo é energia, pode se dizer que tudo que fazemos afeta de alguma forma a nossa vibração. Mas ações novas e mudança da mentalidade de um modo positivo também são elementos de amor-próprio para você se tornar a pessoa melhor — e mais feliz — que pode ser.

Também há aquelas ações novas que podemos adotar para nos sentirmos melhor, que parecem funcionar brevemente no início, mas que quando você persiste um longo tempo viram hábitos com resultados duradouros.

Cerque-se de gente positiva

Cerque-se de pessoas que vibram melhor do que você. Fique perto de pessoas que se sentem melhor do que você. Energia é contagiante.

Quando você não está se sentindo muito bem, procure a companhia de quem está. Essas pessoas vibram mais alto do que você e terá a chance de absorver um pouco da energia delas. Assim como a alga verde *Chlamydomonas reinhardtii* tira energia de outras plantas[5] segundo pesquisadores, minha experiência sugere que há potencial para seres humanos fazerem algo similar.

Você já foi apresentado para uma pessoa e sentiu que havia algo errado com ela? Você não sabe bem por quê, é só uma vibração ruim, e em geral acaba descobrindo que havia um motivo para sentir isso. Energia não mente.

Você deve ter sentido o oposto também. Há pessoas que nos parecem cheias de energia positiva. Elas sempre contagiam quem está por perto

---

5 Blifernez-Klassen, O., Doebbe, A., Grimm, P., Kersting, K., Klassen, V., Kruse, O., Wobbe, L., "Celulose degradation and assimilation by the unicelular phototrophic eukaryote Chlamydomonas reinhardtii" (*Nature Communications*, novembro de 2012).

com suas vibrações boas. Eu mudei meu estado emocional muitas vezes pelo simples fato de estar com gente animada.

Pessoas positivas também oferecem pontos de vista poderosos para os nossos problemas. Tendo espírito positivo, elas têm uma perspectiva otimista do que estamos enfrentando. Procuram o que pode haver de positivo no problema e nos ajudam a mudar o foco para alguma coisa que eleve nossa vibração.

Assim, comprometa-se a criar relacionamentos duradouros com gente positiva. Quando você passa mais tempo com as pessoas que acrescentam valor à sua vida e elevam seu estado de espírito, você começa a adotar os padrões de raciocínio encorajadores e a refletir essas vibrações de volta para elas.

A Lei da Vibração sugere atrair pessoas que vibram na mesma frequência que nós. Se podemos começar a vivenciar emoções mais positivas regularmente, como resultado de estar com outras pessoas, vamos atrair gente mais positiva ainda para a nossa vida e assim reforçar as boas vibrações à nossa volta.

Modifique sua linguagem corporal

É difícil sorrir quando as coisas estão dando errado. Mas um estudo de Simone Schnall e James Laird de 2003 demonstrou que se você fingir um sorriso pode enganar seu cérebro e fazer com que ele pense que você está alegre e libere hormônios de prazer chamados endorfinas.[6]

Isso pode parecer um pouco maluco no início. Se você estranha sorrir à toa, então encontre um motivo para sorrir. Você pode sorrir com a ideia de que o seu sorriso vai tornar alguém mais feliz. A pessoa pode retribuir o sorriso e proporcionar um motivo verdadeiro para você continuar sorrindo.

A realidade é que todo o seu corpo e a sua fisiologia podem afetar seus pensamentos e sentimentos. Ao mudar nosso estado externo podemos mudar nosso estado interno. Talvez seja surpresa saber que, majoritariamente, os sinais que damos aos outros não são verbais, são expressões faciais, gestos ou até a nossa postura quando falamos. Por isso é importante pensar nos sinais que emitimos com nossa linguagem corporal.

---

6 Schnall, S., Laird, J.D., "Keep smiling: Enduring effects of facial expressions and postures on emotional experiences and memory" (Clark University, Massachusetts, 2003).

Se eu pedisse para você descrever a aparência de alguém deprimido, você saberia exatamente como retratar essa pessoa: cabeça baixa, expressão triste. Se pedisse a mesma coisa de alguém com raiva você também mostraria com facilidade.

Agora pense na aparência de alguém alegre e de bem com a vida. Como seria a expressão facial dessa pessoa? A postura? Algum movimento especial? Onde estariam as mãos? Gesticulando de alguma forma? E o tom de voz, qual seria? Falariam rápido ou devagar?

Se você conseguir agir como alguém que se sente bem, seu estado interno mudará e sua vibração crescerá.

Talvez você ache que essa é uma forma inadequada para elevar sua vibração. Mas a ideia de que você pode fingir até conseguir foi provada inúmeras vezes. Por exemplo, Muhammad Ali era famoso por dizer que "para ser um grande campeão você tem de acreditar que é o melhor. Se não for, finja que é". Pense na luta de Ali com Sonny Liston: antes da luta Ali era o azarão, mas resolveu agir como se fosse derrubar Liston, ele se vangloriava disso para os fãs, e foi o que fez no ringue.

A psicóloga social Amy Cuddy é conhecida pelo trabalho sobre como a linguagem corporal, além de afetar como os outros nos veem, também afeta como nós nos vemos. Um estudo em que Cuddy é coautora afirma que o simples fato de adotar uma das três poses relativas ao poder apenas dois minutos por dia nos dá um aumento de 20% do hormônio da segurança, a testosterona, e diminuição de 25% do hormônio do estresse, o cortisol.[7] As chamadas "posturas de poder" são um modo rápido e fácil de se sentir mais poderoso, diz o relatório.

---

7 Carney, D., Cuddy, A., Yap, A., "Power posing: brief nonverbial displays affect neuroendocrine levels and risk tolerance" (*Psychological Science*, 2010).

Algumas pessoas seguram a varinha de condão do lado errado e fingem ter algum dom ou talento para obter atenção das outras e poderem se sentir melhor. Mas se você simplesmente agir de uma forma específica para aumentar sua segurança e se sentir melhor com o que está fazendo, isso vira uma técnica útil. Essa segurança imaginada vai se tornar aos poucos a segurança real, e quanto mais próximo você estiver através da combinação de vibrações, mais verdadeira ela é.

Faça uma pausa

Não subestime a importância de fazer uma pausa para relaxar. Às vezes ficamos tão enrolados na nossa vida e no que acontece em volta que acabamos sobrecarregados e tensos.

A solução mais simples é relaxar e manter distância do que provoca o estresse. Não tenha medo de passar algum tempo sozinho. Notei que às vezes as pessoas se sentem "fartas de gente". Se você é introvertido, essa sensação pode ser muito comum. Parece que todo mundo quer um pedaço de você, e é demais.

Se você mora com um companheiro ou companheira, amigos, família, isso pode ser meio cruel. Não é que você não goste deles nem que não os aguente mais. É só que você precisa de uma pausa, uma chance de respirar e de recarregar. Só precisa de um tempo sozinho. Isso é perfeitamente aceitável e não nos torna menos amorosos.

Também é fácil sentir-se hiperestimulado com a mídia e as redes sociais e precisar de um período de descanso dessas coisas.

Como saber se você precisa de um tempo?

Bom, eis um exemplo. Se alguém tenta fazer uma coisa legal para você e você acha que essa pessoa está se esforçando demais ou invadindo seu espaço, isso pode ser sinal de que você está farto de gente. Pode se sentir mal porque sabe que essa pessoa tem boas intenções. Mas só quer que ela pare.

Em espanhol, no México, a palavra *engentado* descreve essa sensação específica. Refere-se à vontade de se afastar das pessoas depois de passar algum tempo com elas.

Não é ideal que seu humor determine seus modos, mas não deve se sentir mal por querer se desligar um pouco. É bom para você e para os outros também. Quanto mais tempo você passa aturando as pessoas sem poder recarregar, mais chance você tem de diminuir as vibrações das outras pessoas.

Também é muito eficiente passar algum tempo curtindo a natureza. Hoje em dia está cada vez mais difícil se guiar pela vida sem tecnologia. Mas estar na natureza pode ajudar a recuperar e a rejuvenescer todo o seu ser. Uma pesquisa publicada em 1991 descobriu que lugares com natureza têm efeito regenerativo ao provocar estados emocionais positivos e ao estimular o bem-estar psicológico.[8]

Não precisa complicar. Você pode simplesmente sair para caminhar, fazer alguma coisa no seu jardim, sentar embaixo de uma árvore ou admirar as estrelas. Se estiver ensolarado, a absorção dos raios de sol ajuda a produzir vitamina D e aumenta o nível de serotonina, um hormônio da "alegria" que age como estabilizador natural de humores.

---

[8] Fiorito, E., Losito, B., Miles, M., Simons, R., Ulrich, R., Zelson, M., "Stress recovery during exposure to natural and urban environments" (*Journal of Environmental Psychology*, Volume II, 3ª edição, setembro de 1991).

Às vezes você precisa se desligar do mundo um tempo para se reiniciar.

Descubra sua inspiração

Inspiração me dá ânimo e otimismo. Hoje em dia temos muitas maneiras de encontrar inspiração. Livros de autoajuda, jornais ou romances poderosos como *O alquimista*, de Paulo Coelho, são ótimos, assim como uma miríade de fontes de inspiração no meio digital, como podcasts. Também não subestime o poder de um grande filme inspirador. Eu pessoalmente acho *À procura da felicidade*, estrelado por Will Smith, muito inspirador.

Lembro de uma época específica em que me sentia completamente perdido na vida. Tinha acabado de largar um emprego para começar meu novo empreendimento, vendendo camisetas "inspiracionais". Investi dinheiro meu e infelizmente não estava vendendo como esperava. Achei que venderia tudo em poucos dias. Tinha lido livros sobre negócios, passado horas em blogs de moda e achei que tinha todo o conhecimento que precisava para administrar uma firma de sucesso e trazer uma novidade para o mundo da moda. Só que a minha realidade provava o contrário.

Comecei a perder a confiança em mim e nas minhas habilidades. Questionei meu rumo na vida e, como se não bastasse, minha mãe viu que eu enfrentava dificuldades e disse que eu devia arrumar outro emprego porque precisava do dinheiro para viver e para ajudar em casa. A pressão foi imensa.

Quando começamos a duvidar da nossa capacidade, ficamos sujeitos a mergulhar em um mar de sofrimento. Entramos nos níveis mais baixos de vibração e isso pode nos prejudicar bastante.

Sabia que precisava fazer alguma coisa. Então ouvi vários audiobooks de desenvolvimento pessoal, li mais alguns livros de autoajuda, assisti a vídeos e li artigos, citações e publicações de blogs. Comecei até a conversar com amigos empreendedores que fiz nas redes sociais.

Conheci as dificuldades das outras pessoas e aprendi como superaram cada uma delas, até quando parecia um caso perdido. Fui ficando inspirado e minha autoestima cresceu. Essas histórias demonstravam que meu fracasso não era o fim do mundo. Qualquer pessoa que realiza alguma coisa importante encarou grandes desafios ou fracassos. Mas isso só é *o fim* quando a gente desiste.

É verdade que o meu negócio de camisetas não deu certo. Mas deflagrou mudanças que me beneficiaram enormemente. Quando você está inspirado, você encontra ânimo, se sente bem com o rumo que está tomando e com o que é possível na sua vida.

Mantenha distância de fofoca e de drama

Drama é para a TV, não é para a vida real. Não desempenhe um papel no episódio de alguém que é a única estrela.

Certa hora todos vamos fazer parte de alguma fofoca. Às vezes nem nos damos conta de que estamos fazendo isso. O pior é que a maioria das pessoas gosta disso, não acha que está sendo preconceituosa ou considera fofoca algo inofensivo. As pessoas adoram ouvir rumores apimentados sobre os outros e gostam de passar adiante para chamar atenção e obter uma reação. Assim a fofoca funciona muito bem para reduzir nossas vibrações!

De todo modo, espalhar fofoca atrai nosso ego: fazemos isso para nos sentir bem com nós mesmos, para sentir que somos superiores aos outros. Muitas vezes, as fofocas são preconceituosas, e a maior parte dos preconceitos nasce do ódio, que é um estado baixo de vibração que só nos leva a atrair experiências desagradáveis para a nossa vida.

Já estabelecemos aqui que todo pensamento e toda palavra têm vibrações poderosas. Quando falamos negativamente dos outros, estamos emitindo energia negativa para o Universo. Isso rebaixa a nossa vibração e resulta em acontecimentos tóxicos que reproduzem sentimentos ruins na nossa vida. A ayurveda, antigo sistema médico indiano, diz que as fofocas afetam alguns dos nossos centros de energia, conhecidos como chacras. Isso restringe nosso acesso a estados de vibração mais elevados.

Os meios de comunicação se beneficiam das fofocas ao publicar a desgraça dos outros. Para sorte deles as pessoas caem nessa. Por isso, falar dos outros se tornou socialmente aceitável. Mas todos sabem que não iam gostar se fossem o alvo da fofoca.

Assim, tome distância das conversas sobre os outros, ou procure desviar a conversa para algo mais positivo. Você vai notar que muitas vezes as pessoas que passam a vida fofocando são as mesmas que reclamam ou se consolam com o sofrimento dos outros. Se você adotar o comportamento delas vai acabar se decepcionando com a vida também.

Do mesmo modo, quando nos envolvemos em dramas desnecessários podemos ficar estressados e angustiados. Isso gera um estado emocional baixo e, como você já sabe a essa altura, esse efeito é indesejado na vida. Por que desistir da sua felicidade?

Eu aprendi a evitar dramas a todo custo porque isso não traz nada de bom para mim. Uma vez estive com uma pessoa muito dramática, que tentou discutir comigo sobre uma conclusão à qual cheguei. Ironicamente essa conclusão foi que devíamos nos afastar de brigas porque elas destroem nossa paz, mas ele achava que não. Quando gentilmente eu disse que respeitava nossas diferenças e que devíamos seguir em frente, ele se zangou. Se achasse que ele estava realmente interessado no meu ponto de vista, teria prazer de compartilhar e de ouvir o que ele tinha a dizer. Mas o que ele queria era discutir para provar que eu estava errado e me arrastar com ele para baixo.

Ele não queria ouvir, só falar. Não estava pronto para aprender, só para dominar. Nossas opiniões eram diferentes e ele ficou muito incomodado com isso. Para ele, eu estava espalhando informação falsa e criando mais sofrimento no mundo com meu ponto de vista. Essa raiva foi seguida por violência verbal contra mim, já que eu não quis entrar na briga dele. Eu fiquei calado e observei até poder me afastar.

Parecia que aquela pessoa não se importava com o bem-estar dos outros nem queria evitar o sofrimento no mundo. Seu comportamento agressivo contradizia seus argumentos. Ele só precisava justificar que estava certo e que o único jeito que valia era o dele. Minhas crenças abalavam a verdade dele, de que tínhamos sempre de revidar, e sem essa verdade a identidade dele ficava ameaçada.

Isso é obra do ego. O ego é a nossa autoimagem criada pelo pensamento. É nossa máscara social, que sempre requer validação porque vive com medo de perder seu senso de identidade. Quando nos aborrecemos porque alguém não gosta de nós, é obra do nosso ego: validamos nossa existência com base na aprovação das pessoas. Quando não nos aprovam não nos sentimos bem com quem somos.

Nosso ego quer se sentir importante e adorado sempre. Busca gratificação instantânea. Quer se sentir mais poderoso do que os outros.

É por isso que as pessoas compram coisas desnecessárias: para impressionar gente que mal conhecem. Por isso ficamos amargos com o sucesso dos outros. Por isso existe a ganância e por isso estamos sempre lutando para superar os outros. E é isso que impede nossos atos de amor e compreensão.

Infelizmente, muitos de nós passam a vida se identificando com uma certa imagem criada pelo nosso ego que precisa ser mantida e protegida. Se alguém não aprova a imagem que criamos de nós mesmos, isso ameaça nossa identidade e nosso ego busca proteção, como foi nesse caso. Minhas crenças forçaram aquela pessoa a questionar as próprias crenças e, portanto, questionar sua identidade, o que era uma ameaça. Por isso, ele entrou logo na defensiva e passou ao ataque.

Isso acontece muito na vida por causa do ego. As pessoas não falam ou perguntam por curiosidade: querem apenas provar que você está errado. Querem que todos sigam as verdades delas, não porque se importem com os outros, e sim porque temem estar erradas e não saber quem são. Há muita gente excessivamente dramática que parece viver dessas condições tóxicas.

Procuro manter a mente aberta e ouvir o ponto de vista dos outros. Mas também aprendi a não desperdiçar tempo com pessoas que não se interessam pelo que tenho a dizer, ou por que o digo. Você tem de fazer questão de não participar das batalhas internas dos outros se não quiser.

Conversar sobre problemas e partilhar informação é bom quando a intenção não parte do desejo de fazer com que você se sinta superior através da humilhação do outro. Isso gera uma sensação falsa de identidade e acaba reduzindo nossa vibração. Há formas melhores de usar seu tempo sem fofoca e sem se envolver em dramas. Procure se concentrar na sua vida e em tentar melhorá-la. O tempo é precioso e você deve investi-lo com sabedoria, fazendo algo construtivo que tornará sua vida mais significativa.

Cuide do que come e bebe

O que consumimos nos consome;
o que nos consome controla nossa vida.

Tudo que comemos e bebemos é importante, já que afeta nossa vibração e realidade. Pense só: como pode se sentir bem se não ingerir bons alimentos e bons líquidos?

Os alimentos que nos deixam sonolentos e lerdos são os que vibram em frequência mais baixa. Quando consumidos, nossa vibração também muda. Muitos são processados e infelizmente feitos para ter um gosto ótimo. Por isso algumas pessoas tendem a abusar deles, que, além de prejudicar nosso estado de humor, também nos fazem engordar e nos tornar mais vulneráveis às doenças.

Em 1949, um francês especialista em eletromagnetismo chamado André Simoneton publicou sua pesquisa sobre as ondas eletromagnéticas de determinados alimentos. Ele descobriu que cada alimento, além de uma quantidade específica de calorias (energia química), também tinha um poder eletromagnético de vibração.[9] Simoneton descobriu que os

---

9 Simoneton, A., *Radiations des aliments, ondes humaines et santé* (Le Courrier du Livre, 1971).

humanos precisam manter uma vibração de 6.500 angstroms para serem considerados saudáveis (um angstrom é a unidade de medida de 100 milionésimos de centímetro, usada para expressar o tamanho das ondas eletromagnéticas).

Simoneton dividiu os alimentos em quatro categorias, de acordo com a escala de zero a 10.000 angstroms.

A primeira categoria tinha muitos alimentos com vibração alta, incluindo frutas frescas, legumes e verduras cruas, grãos integrais, azeitonas, amêndoas, avelãs, sementes de girassol, soja e coco.

A segunda categoria tinha alimentos de baixa vibração como legumes cozidos, leite, manteiga, ovos, mel, peixe cozido, óleo de amendoim, cana-de-açúcar e vinho.

A terceira categoria consistia em alimentos com vibração muito baixa, entre eles carnes cozidas, embutidos, café e chá, chocolate, geleias, queijos processados e pão branco.

A quarta e última categoria tinha praticamente nenhum angstrom e incluía margarina, conservas, bebidas alcoólicas, açúcar branco refinado e farinha branca.

A pesquisa de Simoneton mostra os alimentos que são bons para nossa vibração e os que devemos evitar.

Além disso, via de regra, os produtos orgânicos de boa qualidade, como a natureza provê, vão nos dar mais vitalidade do que os alimentos não orgânicos. O preço dos produtos orgânicos pode ser alto, mas a despesa reverte em benefício para sua saúde, se estiver se deteriorando pelo consumo de alimentos nada saudáveis.

Devemos também considerar a importância da água. Estima-se que cerca de 60% a 70% do nosso corpo é composto de água, que é essencial para seu funcionamento: mantém hidratado e expulsa toxinas indesejadas, e isso assegura um estado mais elevado de vibrações. Se o equilíbrio de água no seu corpo tiver quantidade menor do que a necessária, ele reagirá mal. Você pode perder a capacidade de concentração, sentir tontura e até ficar inconsciente.

A pesquisa de Simoneton mostrou que as bebidas alcoólicas têm vibração muito baixa e que o consumo regular de quantidades excessivas pode ser muito prejudicial e até provocar a morte por danos no fígado. Álcool em excesso também cria uma percepção falsa, que pode nos levar a comportamentos que normalmente não teríamos e isso pode levar a péssimas escolhas capazes de ameaçar a sua vida. O álcool produz alguns momentos de prazer, mas devemos moderar o consumo.

Torne a água pura e filtrada sua fonte principal de líquido.

Manifeste gratidão

Antes de reclamar da escola, lembre que há gente que nunca pôde estudar.

Antes de reclamar da sua gordura, lembre que há gente que passa fome.

Antes de reclamar do seu emprego, lembre que há gente sem dinheiro.

Antes de reclamar de limpar a casa, lembre que há gente que não tem teto.

Antes de reclamar de lavar a louça, lembre que há gente sem água.

Antes de reclamar de tudo isso nas redes sociais usando seu smartphone, sem pensar que é muito privilegiado, agradeça só um minuto.

Gratidão é um dos hábitos mais simples e poderosos que você pode cultivar. Contando suas bênçãos diariamente, poderá condicionar sua mente a buscar o que há de bom em tudo à sua volta. E logo vai ver o lado bom das coisas e se sentir melhor com a vida.

Você não pode se sentir mal enquanto agradece. Expressar gratidão parece simples, mas muita gente tem dificuldade. É muito mais fácil se concentrar nos problemas do que nas dádivas, dedicar sua atenção às coisas que você não tem do que às coisas que tem.

Um dia estava lendo um dos indivíduos mais bem-sucedidos no planeta e nunca esqueci uma frase dele: a grandeza começa com gratidão. Não prestei muita atenção na época, mas com o tempo compreendi seu valor. Vi que não se tem felicidade sem sentir gratidão. A gratidão é um componente vital da felicidade.

E mais, quando manifestamos gratidão, além de transformar nosso estado de vibrações para atrair mais coisas boas, também aprimoramos nossa escala de valores. Passamos todos os dias nos comparando aos outros e a maioria de nós raramente reconhece que *já tem* o que os outros devem desejar. Também tendemos a nos comparar com os que consideramos mais afortunados do que nós, e não com os que são menos. Pense na quantidade de gente que é obrigada a enfrentar guerra todos os dias. Mas nós estamos livres desses problemas e de muitos mais que vemos no noticiário.

É fácil dizer obrigado sem sentir. A chave para manifestar gratidão é sentir que somos realmente gratos. Vou usar meu cliente Will como exemplo para ilustrar como podemos atingir o verdadeiro estado de gratidão.

Depois que Will começou a desfiar uma lista de todos os seus problemas, pedi para ele me dizer o que tinha para agradecer. Ele disse que não conseguia pensar em nada!

Eu sabia que ele dava muito valor ao seu carro, então perguntei, e o seu carro?

Ele respondeu "sim, sou grato por ter meu carro, eu acho". Esse nível de gratidão é um bom começo, mas não muda seu estado.

Perguntei para Will como seria se não tivesse o carro. Ele ficou pensando um tempo. Então começou a enumerar coisas.

— Eu não poderia ir trabalhar, comprar comida, encontrar meus amigos... e não poderia pegar meus filhos na escola.

Vi a expressão dele mudar quando começou a explicar e a visualizar as coisas mentalmente. Fiz mais uma pergunta.

— O que aconteceria se não pudesse pegar seus filhos na escola?

— Bem, eles teriam de voltar a pé ou pegar um ônibus — respondeu ele.

— E como seria a caminhada de volta para eles? — insisti.

De repente ele imaginou os filhos andando no frio. Will sabia que eles não estariam seguros. E ficou visivelmente abalado.

Depois de alguns minutos ele se lembrou de quando era menino e sofria bullying no ônibus para casa. Foi aí que entendeu. Ele respirou fundo. Vi o alívio no seu rosto quando pensou no carro. Ele acabou admitindo que sentia gratidão por ter um carro e também porque o carro ajudava a melhorar a vida das pessoas que ele amava. O estado dele se transformou por completo e percebi a mudança na linguagem corporal.

Quando praticar gratidão, imagine como seria sua vida sem aquilo que está agradecendo. Isso produz fortes emoções e sentimentos. E é assim que você adquire o poderoso estado de gratidão.

Lembre que muitas coisas no seu mundo podem estar dando errado. Mas também há coisas que estão dando certo.

*Quanto mais você contar suas bênçãos,
mais bênçãos terá para contar.*

Eis uma história curta. Quando trabalhava em um escritório, tinha um gerente de quem eu discordava muito e nós dois tornávamos o trabalho muito difícil um para o outro. Mas como ele tinha mais autoridade, sempre tinha a última palavra.

Deixei que ele afetasse meu trabalho e meus atos meses a fio. Reagia com ressentimento, falava mal dele, odiava ir para o trabalho e continuei a emitir todos esses pensamentos e sentimentos negativos Universo afora. A consequência foi que tudo só piorou... *e muito*!

Eu queria manter a distância, mas ele sentava ao meu lado, então eu não podia. Mesmo quando conseguia me afastar, ele dava um jeito de me provocar. Naquele tempo eu não tinha medo de falar o que eu sentia, mesmo se soasse raivoso. Não tinha problema em dizer que ele não possuía qualidades de liderança, e obviamente isso não melhorava as coisas.

Depois de assistir a alguns vídeos da professora espiritual Esther Hicks, entendi que estava usando minha energia de modo errado. Tinha consciência de que o problema era esse, mas estava alimentando o problema em vez de me concentrar em uma solução. Assim que comecei a fazer isso as coisas começaram a melhorar.

Fiz um esforço consciente para demonstrar gratidão por ter um emprego que pagava bem. Sabia como era difícil encontrar emprego, mais ainda com um salário generoso. Com esse salário eu podia ter muitos confortos na vida. Lembrava sempre essas coisas para me certificar do estado de gratidão — um estado de vibração alta.

Poucos meses depois meu gerente foi promovido para outra equipe. Eu também recebi um aumento de salário e tive mais liberdade no trabalho. Esse período foi um dos meus favoritos naquele emprego. Simplesmente porque resolvi me sentir bem eu recebi recompensas que me fizeram sentir melhor ainda!

Muitos de nós direcionamos nossa energia para nossos medos. Não estou dizendo que o seu problema não existe, mas procure concentrar sua energia nas soluções desses problemas. O Universo é abundante em todas as áreas, a ilusão do medo é a única limitação que temos.

Entenda suas emoções

Ignorar as emoções negativas é como manter veneno no seu organismo. Aprenda a entender tudo que sente. O objetivo não é forçar pensamentos positivos, e sim transformar os negativos em algo mais saudável, para você se sentir melhor.

Nossos pensamentos dominantes influenciam significativamente nossas emoções. São cruciais para o que sentimos. Muitos de nós temos o problema de ignorar o processo de transformação quando tentamos ter pensamentos positivos. Achamos que é melhor apagar os pensamentos negativos, anestesiar nossos sentimentos e seguir para ideias mais positivas. Em geral isso não funciona porque estamos apenas tentando nos enganar para achar que está tudo bem e nossos sentimentos verdadeiros dizem o contrário. Sentimentos reprimidos podem virar veneno no nosso organismo e com o tempo nos prejudicar.

Se um pensamento ruim se instalar no fundo da sua mente ele vai reaparecer quando você tiver uma experiência similar no futuro. Isso rebaixa sua vibração e a recorrência desse padrão também pode ser prejudicial para sua saúde mental, acarretando prejuízo para sua saúde física. E você pode se tornar muito tóxico para os que convivem com você e acabará sozinho, o que só aumenta seu sofrimento.

Por isso, não reprima suas emoções negativas. Transforme essas emoções para poder aumentar sua vibração, não só nesse momento, mas em todos os acontecimentos similares no futuro. Compreender as suas emoções é a base para transformá-las, passando de vibração baixa para vibração alta todas as vezes que isso acontecer. A introspecção é muito importante para o desenvolvimento pessoal.

Por exemplo, uma cliente minha chamada Sarah tinha começado a conversar com alguém que a interessava. Depois de alguns dias de mensagens e ligações, ele sumiu. Ela esperou que ele respondesse às mensagens, mas ele não o fez. Por conta disso, o pensamento dominante de Sarah foi: "Ninguém se interessa por mim, ninguém tem tempo para mim, porque sou feia." E isso a deixou triste.

Sarah precisava fazer com que as emoções negativas voltassem a ser positivas, então ela seguiu meu passo a passo para conseguir isso.

Como transformar emoções negativas

1. **Identifique**: para mudar seu estado emocional, você precisa identificar a emoção que está sentindo. No caso de Sarah, ela estava triste e com medo. Depois de ir mais fundo, nós identificamos que Sarah também se sentia negligenciada e insegura.

2. **Desafie**: o próximo passo é se perguntar: Por que você sente isso? Quais pensamentos são responsáveis por isso?

   Sarah sentia tristeza por não receber resposta. A ideia que a perseguia era de que ninguém tinha tempo para ela ou não se interessava porque ela era feia. Ela se sentia sozinha e insegura.

   Nesse estágio você já começou a observar seus pensamentos conscientemente. Muitas crenças que temos se baseiam em exageros, interpretações erradas e opiniões impostas por outras pessoas. Portanto, podemos contestar essas ideias e julgamentos equivocados na nossa cabeça. Podemos analisar nossos processos mentais e mudar nossos padrões de pensamentos negativos para outros mais positivos, usando lógica.

Comece a desafiar as crenças por trás dos seus pensamentos questionando sua validade. Por exemplo, Sarah se perguntou: "é verdade que ninguém tem tempo para mim porque sou feia?" Ela pensou profundamente sobre a pergunta e começou a descobrir por que se sentia assim. Nesse estágio você pode fazer novas perguntas que forcem uma análise mais complexa. Também pode fazer perguntas radicais porque elas inspiram respostas radicais. No nosso exemplo Sarah perguntou: "Quer dizer então que nunca serei feliz?"

Sarah pensou nessas perguntas e viu que estava exagerando. Um homem que não respondia às suas mensagens não significava que ela jamais seria feliz. Ela lembrou que sua felicidade não dependia da interação dos outros com ela.

Fazer perguntas para nós mesmos pode revelar limitações no nosso modo de pensar, como aconteceu com Sarah. Você começa a perceber que tirou conclusões falsas, concentradas nos aspectos negativos das situações na sua vida.

Experimente. Talvez se lembrando de uma experiência do passado que causou tristeza, e faça perguntas diretas para ajudá-lo a chegar ao cerne da questão. É importante saber que nós criamos a nossa tristeza agregando conclusões negativas a essas experiências no nosso subconsciente. Aqui precisamos desafiar essas conclusões que estão guardadas como lições. Se não corrigirmos essas lições negativas elas vão se repetir no nosso subconsciente. Com o tempo a repetição delas pode pesar e levar à depressão.

3. **Compreenda**: esse passo trata de avaliar o significado mais profundo que há por trás da emoção. No nosso exemplo Sarah viu que estava insegura por causa daquela experiência recente. Começou a se preocupar em não ser suficiente para alguém. Nos dias em que o rapaz respondia ela se sentia melhor. Ficou claro que ela precisava de aceitação e aprovação social.

   Você tem de reconhecer o significado profundo dos seus sentimentos e usá-lo como oportunidade para amadurecer. Sarah determinava seu valor pelo que os outros pensavam porque tinha baixa autoestima. Precisava ser valorizada e aceita para se sentir melhor com ela mesma.

4. **Substitua**: esses pensamentos destrutivos devem ser substituídos por outros que nos deem poder. Você deve se perguntar: como posso considerar ou fazer as coisas de outro modo, para me ajudar a me sentir melhor e a viver uma vida mais plena?

   É essencial transformar pensamentos destrutivos em ideias que façam você se sentir melhor. Sarah lembrou que merecia ser amada, independentemente do comportamento dos outros em relação a ela. Ela disse, "Gosto de mim mesma e isso basta. O amor que dou a mim mesma será retribuído por alguém que realmente se importe comigo".

   Para dar mais força a esses pensamentos positivos lembre-se de quando você realmente sentiu o que deseja sentir. Sarah recuperou uma lembrança de quando se sentiu valorizada, segura e amada. Guardou essa cena na cabeça e reviveu aquele momento.

   Essa técnica, além de aumentar a segurança, pode também apresentar uma solução. Você pode se lembrar de alguma coisa que fez em situação semelhante no passado e que o ajudou a assumir o controle.

5. **Visualize**: visualize você no futuro, lidando com a emoção que sente no presente. Enquanto faz isso, sua vibração aumenta e também começa a criar uma associação autônoma com aquela emoção, e isso torna seu cérebro capaz de cuidar disso sem esforço com o tempo.

Você pode fazer isso muitas vezes, cada uma delas ampliando sua imaginação e tornando mais real na sua mente.

Repetição é o segredo da maestria. Se você encenar inúmeras vezes uma situação na qual você trabalha a emoção, saberá exatamente como administrá-la na próxima vez que ela surgir na sua vida.

Consciência do presente

A cada segundo que você passa pensando no momento seguinte, você evita abraçar o presente. Faça com que sua vida não seja toda vivida na sua cabeça.

Com os avanços globais da tecnologia a sociedade está cada vez mais envolvida com eletrônicos pessoais em vez de com o mundo à nossa volta. Ficamos no celular mais tempo do que conversando pessoalmente, tão ocupados olhando para a tela e interagindo virtualmente que esquecemos o que existe ao nosso redor.

Parece que as pessoas preferem vivenciar um acontecimento através da câmera do que apreciar o que está diante delas ao vivo. O público de concertos se ilumina com a luz das telinhas dos celulares. Não quero dizer que não devemos capturar lembranças desses momentos preciosos. Mas viver por uma tela nos impede de estarmos presentes no momento.

Essa distração do momento presente faz com que fiquemos mais ansiosos, temerosos e estressados. As preocupações nos sobrecarregam no dia a dia porque agora estamos condicionados a viver em outros lugares e não aqui onde estamos. Além disso, ignoramos as pessoas à nossa volta e quem paga o preço são nossos relacionamentos.

Muitas vezes é por isso que ficamos aflitos, desligados e perdidos. Nossa vibração fica baixa porque sentimos que estamos em alguma situação imaginada que não corresponde à realidade que estamos inseridos. Revivemos momentos do passado, tememos o futuro e criamos obstáculos na nossa mente. Empenhamos nossa energia criativa em ideias destrutivas – e isso provoca confusão na nossa vida.

O agora é o único tempo que você tem. O que passou, passou, não existe, por mais que você recrie mentalmente. O futuro ainda não chegou e você também vai para lá mentalmente. O amanhã vem disfarçado de hoje e alguns de nós nem percebem. Nada é mais valioso do que o momento presente porque nunca mais podemos revivê-lo. Você pode criar uma lembrança visual para recuperar, mas fisicamente não é capaz de vivenciar aquilo de novo.

Pense num tempo em que se esquecia completamente de ver as horas ou de olhar para o seu celular. Talvez estivesse com pessoas que ama ou fazendo alguma coisa prazerosa. Você estava tão entretido ali que não tinha tempo para se preocupar com o passado ou com o futuro. Estava simplesmente aproveitando o momento. É isso que chamamos de estar presente.

Vamos explorar mais adiante neste livro que planejar o futuro é vital para alcançar seus objetivos, mas que não devemos passar muito tempo lá. Pensando bem, o presente ainda é o futuro, disfarçado de agora. Há dez anos você pode ter considerado futuro esse exato momento da sua vida. O futuro é hoje.

Aos vinte e poucos anos, se eu soubesse que ia sair sábado à noite, queria que os outros dias passassem rápido. Estava desprezando meu precioso tempo, tempo que nunca teria de volta. Sábado chegava, e passava, e eu me concentrava em outro dia com planos animadores... às vezes só dali a semanas!

*Tecnologia é uma ferramenta,
não substitui o viver.*

Essa também é a premissa da vida. A partir do momento em que nascemos, a cada 24 horas chegamos um dia mais perto da nossa morte. O futuro que estamos sempre esperando só chega como presente. E quando chega, passa tão rápido que nem notamos. Logo movemos nossa atenção para a expectativa do próximo momento, depois do outro, e assim vamos.

É desse jeito que a maioria de nós vive. Acordamos para suportar o dia e voltar para a cama. Fazemos isso 365 vezes por ano. Esperamos que o sucesso, o amor, a felicidade apareçam, sem prestar muita atenção no que temos no momento presente. Com o tempo percebemos que nunca vivemos de verdade. Ou finalmente obtemos a riqueza que queríamos, mas não usufruímos, porque há sempre mais alguma coisa para conquistar.

> *Fazemos da nossa vida um futuro que só existe na nossa imaginação e perdemos tudo que está acontecendo diante de nós.*

Podemos dizer a mesma coisa sobre o passado. Temos lembranças queridas que gostamos de rever de vez em quando, mas temos de aprender a aceitar que o passado passou e não pode ser mudado. Só podemos refazê-lo ou alterá-lo na nossa mente.

O exercício de meditação que comento a seguir pode ajudar nessa conexão com o presente. Quando desenvolvemos a consciência do momento presente conseguimos manter uma vibração mais alta porque evitamos a paralisia do sofrimento passado ou do medo do futuro.

Medite

Meditar está ganhando popularidade e recebendo elogios de todos os lados: de terapeutas ocupacionais até a grande mídia, pessoas de várias áreas estão falando dos benefícios da prática da meditação. Mas para os não iniciados a prática da meditação pode parecer intimidante, demorada e difícil de aprender. Eu mesmo a evitei muitos anos exatamente por esses motivos.

Como muita gente, eu planejava meditar, mas acabava não fazendo. Quando finalmente comecei, achei esquisito e não sabia se estava fazendo direito nem se estava funcionando. Minha prática era inconsistente e eu tinha dificuldade de ver como aquilo seria um benefício para mim. Mas, ao me aprofundar, percebi que não tinha entendido a meditação tão bem quanto pensava. Eu estava complicando a coisa.

Quando me comprometi a fazer 30 dias seguidos de meditação concentrada comecei a sentir a diferença.

Depois de um ano de 15 minutos de prática por dia, notei mudanças *incríveis* em mim. O mais notável foi que sentia cada vez menos raiva, coisa que me incomodava muito no passado. Minha raiva não acontecia em situações idênticas às anteriores que tinham provocado uma reação emocional intensa.

Notei também uma nova habilidade de ficar calmo e em paz em meio ao caos. Tive um controle mais consciente dos meus pensamentos. Com isso, eu me senti mais alegre frequentemente.

Não podia ignorar essas mudanças.

A meditação diminui a resistência criada pelo nosso ego. Isso traz uma sensação de paz, clareza e aumenta a paciência. Aprendo lições profundas com pensamentos intuitivos quando medito, e esse acesso à minha sabedoria interior ilumina respostas para quaisquer perguntas que eu esteja enfrentando. Quando preciso elevar minha vibração, sei que a meditação vai restabelecer os bons sentimentos.

Isso pode parecer estranho. Muita gente acha que o objetivo da meditação é esvaziar a mente de pensamentos. Mas na realidade isso é um equívoco, meditação de fato é *concentração*. Meditação nos ajuda a chegar à percepção consciente do momento presente – e essa é uma ferramenta poderosa para usar em todas as áreas da vida.

Você pratica meditação quando está totalmente presente no momento por meio dos seus sentidos, enquanto observa calmamente seus pensamentos, suas emoções e sensações físicas – à distância, sem julgar.

Quero levá-lo a uma curta meditação de relaxamento que pode fazer agora mesmo. Só precisa de uma caneta, papel e um momento tranquilo.

Medite agora – guia passo a passo

1. Use a sua intuição para avaliar seu nível de energia. Como classificaria seu nível de vibração de 1 a 10, sendo 1 "estou desanimado e não quero fazer nada", e 10 "eu me sinto ótimo, em paz e cheio de alegria". Escreva o primeiro número que surgir na sua cabeça, e não questione.

2. Agora vamos começar a entrar em estado de meditação. Encontre um lugar em que possa relaxar completamente, sentado ou de pé, de olhos abertos nesse estágio. Onde quer que esteja, conscientize-se do seu corpo.

   Está sentado?

   Está em pé?

   Como está sua coluna?

   Não mude nada. Apenas adquira consciência do seu corpo.

3. Agora tome consciência da sua respiração. Apenas observe. Deixe o ar entrar bem fundo nos pulmões, então expire. Agora, quando você respirar fundo, imagine que está enchendo seus pulmões com o máximo de ar possível, depois expire todo o ar viciado.

   Sinta seu abdômen subindo e descendo cada vez que respira. Sinta seu peito subir e descer cada vez que respira.

4. Agora olhe em volta. Note as cores e as estampas que vê sem avaliar nada. Apenas observe. Deixe seus olhos absorverem tudo que tem à sua volta. Então feche os olhos lentamente.

   Veja o que aparece na tela da sua mente.

   Deixe seus pensamentos fluírem livres, sem pressão. Não existe certo ou errado. Relaxe as pálpebras enquanto observa o que vem e vai na sua cabeça. E continue observando o ritmo da sua respiração, para dentro, para fora, expansão e contração.

5. Ouça os sons à sua volta.

    De onde eles vêm?

    Quais são os tons?

    Algum som se destaca?

    Você consegue distinguir os sons de fundo e os de primeiro plano?

    E agora pode ouvir o som da sua respiração. O ar entrando e saindo.

6. Conscientize-se de todo o seu corpo. Há alguma tensão? Não precisa mudar nada. Apenas note todas as sensações no seu corpo.

    Estão surgindo sentimentos ou emoções agora? Quais? Em que lugar do corpo?

    Observe, sinta e ouça. Fique imóvel um minuto. Quando quiser, comece lentamente a mexer as mãos e os pés.

    E então abra os olhos.

7. Esse é o fim do exercício, vamos verificar seu nível de vibração. Como avalia seu nível de vibração agora? Escreva seu número. Está mais alto do que antes? Se não está, você pode fazer esse exercício outra vez. Vai acabar descobrindo que essa breve prática eleva sua vibração.

Se tiver dificuldade para lembrar dos passos acima, procure registrar no celular para sua voz guiá-lo por eles. Fale devagar e com clareza, e faça pausas em silêncio enquanto lê as instruções.

Meditação não é nada complicado. O mestre budista Yongey Mingyur Rinpoche afirma que para meditar basta ter consciência da sua respiração[10]: quando se tem consciência da sua respiração, você está meditando. É simples assim. E por isso é possível meditar em qualquer lugar, a qualquer momento.

> *Tudo e qualquer coisa feita em estado de vigília consciente pode ser meditação... até lavar louça.*

Experimente 15 minutos por dia, 30 dias seguidos. Se achar que é muito, comece com 5 minutos e vá aumentando o tempo gradualmente.

Respirar é parte muito importante na nossa vida. Ora, quero dizer, se não respiramos, não vivemos. Inspiramos e a vida começa. E quando ela termina, expiramos. Por isso dizem que a cada vez que respiramos uma transformação acontece em nós. Morremos e renascemos cada vez que inspiramos e expiramos.

É através da respiração que estimulamos nossa força vital, nossa energia de vida – muitas vezes chamada de "mana", "prana", "chi" ou "ki", entre muitos outros nomes, dependendo da tradição espiritual. Quando respiramos, fazemos com que a energia da vida entre em todas as células do nosso corpo, para poder vibrar com a nova vida. Ao respirar mais fundo e de maneira mais controlada nosso sistema nervoso nos acalma e aumenta nossa vibração.

A meditação derruba os muros da nossa mente condicionada e nos dá oportunidade de sermos mais autênticos. Quando você medita mais, aprende a analisar os pensamentos limitantes que rondam sua mente.

---

10 "Learn meditation from this Buddhist monk" (MBS Fitness, YouTube, 2016).

PARTE TRÊS

Seja sua prioridade

Introdução

Não é egoísmo nem sinal de fraqueza se distanciar daqueles que sempre reduzem sua vibração. A vida é equilíbrio. É espalhar bondade, mas também é não deixar que os outros tirem essa bondade de você.

Você acha que é egoísmo se pôr em primeiro lugar? Dependendo do contexto, pode ser egoísmo pensar em você e não nos outros. Por exemplo, se cortaram uma torta em oito pedaços iguais e há oito pessoas famintas na sala, seria egoísmo você pegar duas fatias.

No entanto, muitas vezes é importante pensar primeiro em você. Você tem muita energia para dar, mas deve economizar um pouco para si. Você veio ao mundo sozinho e irá embora sozinho. Seu mais longo relacionamento na vida é com você. Só quando administramos bem esse relacionamento podemos ter bom relacionamento com os outros.

Infelizmente temos de aceitar que mesmo quando as pessoas têm boa vontade podem causar sofrimento repetidamente sem considerar os efeitos que seus atos ou palavras provocam em nós. O ideal é estarmos em uma posição na qual nosso humor não mude em relação ao comportamento de alguém, mas só os mais elevados espiritualmente conseguem fazer isso, demonstrar amor constante e incondicional apesar do que os outros fazem. A maioria de nós ainda tem um longo caminho pela frente antes de ascender a estados de consciência suficientemente elevados para amar a todos sem condições ou expectativas.

Se não somos indivíduos evoluídos espiritualmente, a interação constante com pessoas tóxicas pode sugar nossa energia e com o tempo acaba nos esgotando.

É muito mais fácil ver o bom da vida quando estamos cercados de pessoas positivas.

Nosso crescimento pessoal é um processo contínuo e pode levar muito tempo para chegar a um nível em que o comportamento dos outros não nos afete.

Por isso, às vezes temos de cortar relações com pessoas que estão sempre nos desequilibrando. São venenosas e limitam nosso progresso. Afinal, é difícil funcionar, que dirá sorrir, quando alguém nos dá veneno o tempo todo. Pense numa planta: se você a mantiver num ambiente tóxico não vai crescer e logo começará a murchar. Mas com as condições apropriadas ela floresce e se transforma numa bela planta. Quando está grande e forte, é difícil destruí-la.

As pessoas também podem ser tóxicas. Uma pessoa tóxica pode ser alguém que critica tudo que você faz, tem expectativas demais, falta com o respeito, demonstra pouca solidariedade. Elas podem ridicularizar, negligenciar, abusar fisicamente, manipular e humilhar você. Essas pessoas em geral não encaram suas atitudes tóxicas e não mudam.

Por isso, quando você se encontrar com pessoas que são tóxicas para você, sua paz interior vai se dissipar e é provável que você passe esse seu sofrimento para os outros. Aqui cabe a pergunta: é egoísmo pensar em nós mesmos nesse caso, ou eles é que são egoístas de esperar uma reação positiva nossa?

Terminar uma relação tóxica pode ser muito difícil. É difícil se libertar das pessoas próximas de nós, mesmo se elas nos magoam. Mas assim que você afasta essas pessoas da sua vida, abre espaço para um rio de positividade fluir. Você terá tempo e espaço para introspecção, cura e crescimento e, como a planta, também crescerá forte.

Controle o seu comportamento

Queremos que os outros parem de ser negativos, mas raramente avaliamos nossos próprios atos. O seu relacionamento mais importante é com você mesmo, por isso não há desculpa para não se livrar do seu comportamento tóxico. É importante identificar quaisquer tendências tóxicas que você tenha e que magoam os outros, ou você mesmo.

Quando estamos incomodados ou aborrecidos, achamos que todos em volta estão bem. Nós nos desculpamos por agir mal acusando nosso humor, sem nos dar conta de que as outras pessoas também podem estar passando por momentos difíceis. Isso põe os outros para baixo, de modo que além de você estar sofrendo, agora outra pessoa também está.

Mesmo os que acreditam que dão o bom exemplo muitas vezes esquecem de ver os próprios atos, como ficou demonstrado em uma experiência que tive. Se você vir meu Instagram saberá que publico citações e conselhos. O que você talvez não saiba é que muitas vezes minhas palavras são usadas por outras páginas de mídia como se fossem de terceiros. Por mais lisonjeiro que seja ver minhas palavras sendo compartilhadas pelas pessoas, não é gratificante ver meu nome apagado e nenhum crédito dado a mim.

Confira sempre seus comportamentos e faça um esforço para mudar os que são tóxicos – para você e para os outros. Não se trata apenas de como você cresce, é também um ato de autoestima. Está mostrando para você mesmo que merece coisa melhor do que os comportamentos que limitam o seu progresso.

O que realmente me espanta é que há várias páginas que promovem pensamento positivo para um público enorme e que ainda se recusam a corrigir o erro. Quando falei com eles, disseram que não queriam remover as publicações e postá-las corrigidas porque elas geraram muito engajamento, e perderiam seguidores. Algumas dessas pessoas tinham lucrado com as minhas palavras, mas mesmo assim não sentiam necessidade de responder às minhas mensagens. Uma disse que todo o mundo fazia isso, que eu devia me resignar. Entre as respostas mais interessantes estava essa: "Deixe isso para lá, seu nome não precisa estar na publicação. Se você é uma pessoa positiva não precisa entrar em contato comigo nunca mais." Assim compreendi que mesmo aqueles que pregam mais e que parecem promover pensamento positivo e amor nem sempre seguem os próprios preceitos.

A verdade é que realmente precisei superar quando se recusaram a fazer qualquer coisa. Precisava me concentrar no trabalho desinteressado. Consegui vencer minha decepção e lembrar que o que mais importa para mim é que a mensagem positiva está se espalhando. É assim que encontro a minha paz.

No entanto, essa reação expôs uma coisa que é muito comum no mundo: transferência de responsabilidade. Somos rápidos para apontar o que outra pessoa tem de errado para evitar assumir a responsabilidade dos nossos atos.

Podemos dizer que não é nossa responsabilidade se os outros se ofendem com nossos atos. Afinal, são apenas a percepção e as ideias deles sobre nossos atos que realmente os magoam.

Se eu sinto que estou certo e outra pessoa sente que estou errado, quem tem razão?

Mas, mesmo quando você acha que alguém exagerou na reação, deve tentar entender o motivo primário que fez essa pessoa se sentir assim. Em geral é porque você violou algum dos seus valores pessoais. E se alguém diz que se magoou com os seus atos, você deve acreditar que a pessoa está realmente magoada. Não pode decidir por ela se ficou ou não magoada.

Eu aprendi isso com minha companheira. Às vezes levo minhas brincadeiras longe demais e sou ofensivo. Se ela admite bravamente a vulnerabilidade para mim, o pior que posso fazer é provocar nela uma sensação ruim por ter desabafado sendo defensivo e a culpando. Não se pode dizer para alguém que seu sentimento não vale. Você precisa tratar de compreender primeiro. Identificar por que sentem aquilo e então ver o que você pode fazer para melhorar.

Isso é importante em todos os relacionamentos. Somos diferentes e todos merecemos respeito em relação ao que sentimos. Reconhecer e compreender o sofrimento do outro nos ensina sobre ele e além disso nos ajuda a crescer. Ninguém espera que você seja perfeito. Todos nós cometemos erros. Mas você precisa se dispor a aprender, a crescer e a permanecer respeitoso.

O poder de bons companheiros

Crie um relacionamento em que vocês conversem sobre seus problemas e não em que vocês falem sobre o outro nas redes sociais. Status não conserta problemas de relacionamento, conversas sinceras, sim.

Num relacionamento, às vezes um parceiro pune o outro pela própria insegurança. Faz o outro sentir que tem defeitos, só para encobrir as próprias limitações e para ter um senso de superioridade ou autoridade. Esses relacionamentos são muito doentios e tóxicos em geral. Podem fazer com que a pessoa punida se questione e se sinta diminuída ou vazia por dentro.

Por exemplo, se você acha que o seu nariz é grande demais e nota seu parceiro ou parceira sendo gentil com alguém que você acha atraente, talvez note que o nariz dessa pessoa é menor e faça a comparação. Quando se concentra na ideia de que o nariz da outra é melhor do que o seu, pode sentir uma onda de emoções negativas como ciúme, desconfiança e raiva. O resultado é que sua autoestima, sua segurança e até sua energia diminuem.

Sua mente também pode sugerir ideias horríveis para você, como a possibilidade de seu parceiro achar a outra pessoa atraente porque tem nariz *perfeito*. Assim, você joga seu sofrimento no seu parceiro, acusa-o de flertar, mesmo que ele fosse inocente. Você projeta sua insegurança nele e insinua que é malicioso, que não ama você e que não te respeita. Isso é manipulação emocional, em vez de assumir a responsabilidade pelas próprias emoções, você a joga em cima do outro.

Você vai querer que seu parceiro também sinta a sua dor. Vai questionar a integridade e a moral dele, tentar convencê-lo de que está sendo terrível. Você aponta tudo que ele tem de errado. Isso só leva ao conflito e outras inseguranças podem ficar expostas na discussão e nos atos devastadores que podem resultar. Mas você precisa entender de onde vêm essas coisas. São as suas inseguranças ou seu parceiro é que age mal? Isso acaba em sofrimento.

Por outro lado, seu parceiro ou sua parceira podia estar realmente flertando. Em alguns relacionamentos, isso pode ser aceitável. Mas na maioria, não. Não se pode exigir respeito de alguém, mas você pode se poupar de situações em que não seja respeitado.

Há muitos relacionamentos saudáveis que são cheios de inseguranças. Mas devem ter respeito e apoio mútuos. Os companheiros devem ser sinceros sobre suas inseguranças, abertos para o esforço conjunto em melhorar e suficientemente respeitosos para não magoar o outro nem usar as inseguranças do outro contra ele ou ela. Todos os relacionamentos exigem esforço. Exigem comunicação e compreensão infinitos, e podem ser um grande desafio. Desistir não é sempre a resposta, mas às vezes você precisa terminar, especialmente quando perde seu senso de identidade.

Às vezes você precisa romper com o que
é tóxico para poder se curar.

Relacionamentos doentios esgotam toda a nossa bondade. Damos tudo para alguém que simplesmente não corresponde aos nossos esforços e disposição para tentar. Esvaziamos nossa conta de amor para fazer com que se sintam mais ricos e quebramos. Nós nos entregamos a alguém que não nos respeita o bastante para nos tratar bem.

Você não precisa ser especialista para entender que relacionamentos devem dar poder aos dois. Não devem fazer ninguém se sentir limitado ou incompetente. Você não pode se sentir vazio em um relacionamento, especialmente se for para o outro ficar satisfeito.

Por vezes adoramos a ideia de como alguém poderia ser, ou de como a pessoa é num dado momento; adoramos o seu potencial. De fato, se você refletir sobre o seu passado com um ex-companheiro ou companheira sérios, deve ter havido um momento em que você achou que ele ou ela era a melhor coisa do mundo. Mais tarde talvez tenha achado que não era exatamente o que você esperava.

Nenhum de nós é perfeito, então nenhum relacionamento é perfeito. Mas é fácil cair na armadilha de ficar com uma pessoa porque você a admira e vê seu potencial para ser um grande companheiro ou companheira. Mas bem lá no fundo você sabe que está se agarrando a uma esperança falsa. Se está com alguém que não quer melhorar, pode estar desperdiçando seu tempo.

> *Você não pode mudar pessoas que não estão preparadas para mudar.*

Temos de nos certificar também se o companheiro não está fingindo que quer melhorar. Essa tática pode ser usada para criar uma falsa esperança, para vocês ficarem juntos mais tempo. É claro que isso é uma encenação egoísta e é característica de alguém que não quer alcançar todo o seu potencial.

Entendo perfeitamente que pode ser muito doloroso largar uma pessoa tóxica que amamos. Falar que vai sair de um relacionamento tóxico é fácil, sair mesmo dele é o difícil. Por isso muitos continuam e aguentam a negatividade ao máximo. Mas merecem esse sofrimento temporário.

Às vezes as pessoas se contentam com relacionamentos inadequados porque acreditam que não encontrarão alguém melhor, ou que o trabalho para encontrar alguém novo e reconstruir desde o zero é demorado e difícil demais. Sua intuição diz que merecem coisa melhor, mas não têm coragem de fazer nada para isso.

Eis um exemplo que talvez o ajude a saber se está em um relacionamento tóxico. Uma vez pediram minha opinião sobre um relacionamento. Havia problemas com seu parceiro e não sabia se devia se afastar. Não gosto de falar o que as pessoas devem fazer no relacionamento porque não faço parte e não vejo o quadro inteiro. Alguém pode descrever e eu posso supor coisas, mas a decisão é exclusivamente de cada um.

Por isso, inverti a questão e perguntei o que essa pessoa aconselharia à filha se ela estivesse na mesma situação. Isso lhe deu motivo para pensar. Eu já sabia o que ela achava que devia fazer, mas ela precisava de mim para justificar a atitude ou para convencê-la a não fazer. A decisão era assustadora, por isso ela a evitava. Mas quando eu fiz essa pergunta ela percebeu que já conhecia a resposta.

Como pai ou mãe você tem um instinto natural de proteger seus filhos. Mesmo quem não tem filhos pode imaginar. Seu amor é tanto que você não quer que eles sofram ou percam qualquer alegria. No fundo essa pessoa já tinha a resposta, antes de perguntar para mim. Eu sempre digo às pessoas que confiem em seus instintos, porque são a alma sussurrando conselhos para elas.

> *Você sabe que é instinto quando tem a sensação de que chegou à resposta sem um processo racional.*

Quando você pensa em uma coisa e tem uma sensação estranha na barriga, acho que isso é a sua intuição. É um dos melhores guias que existe!

Mesmo seus pensamentos mais dominantes não são necessariamente sua intuição, porque podem ter raízes em medo ou desejo. Intuição é um sentimento de calma que nos dá o sentido tranquilo de distanciamento. Às vezes parece que alguma coisa dentro de nós insiste que prestemos atenção. É quase físico.

Lembre que um relacionamento deve acrescentar valor à sua vida e dar boas vibrações a maior parte do tempo. Relacionamentos tóxicos comprometem sua saúde psicológica e até seu bem-estar físico.

Não continue um relacionamento pelo simples fato de ter um. Se chegou a hora da despedida, seja corajoso e termine. Pode doer agora, mas será a fonte de algo maior no futuro.

Tenha amizades verdadeiras

Uma noite recebi o e-mail de uma adolescente que se autodiagnosticava com depressão e baixa autoestima. Não gostava da vida. Era insegura e achava muito difícil ser positiva. Dizer para ela ser positiva não funcionava, ela se sentia pior ainda.

Depois de conversar com ela ficou óbvio que os amigos tinham posto muitas ideias perturbadoras na cabeça dela, dizendo que ela era feia, burra, que era constrangedor tê-la por perto. Esses amigos não reconheciam seu valor e isso afetou como a adolescente se via.

Se alguém não respeita você, ou diz que você tem defeitos, há uma boa chance de você passar a integrar essas opiniões à sua identidade. De fato, muitos pensamentos que temos não são originariamente nossos. Quando jovens, podem nos dizer que não fomos feitos para certos caminhos na vida. Crescemos acreditando no que disseram e a percepção dos outros se torna a nossa realidade. Toda a nossa vida é moldada por comentários a esmo e programação social.

Às vezes a solução mais simples é estar com pessoas diferentes, especialmente se não consegue mudar aquelas com quem convive. Assim que a adolescente abandonou os amigos que tinha e fez novas amizades começou a se sentir mais segura em sua vida.

Simplifique o seu círculo de amigos. Mantenha os que acrescentam valor à sua vida; remova os que não fazem isso. Menos é sempre mais quando o seu menos significa *mais.*

Desde a evolução das redes sociais na internet a definição de *amigo* mudou. Não são mais pessoas que você conhece bem. Amizades virtuais afetaram o modo com que a sociedade rotula amizades. Agora podemos chamar qualquer um de amigo. Até alguém com quem estivemos uma vez numa noitada.

Quantas dessas pessoas são realmente suas amigas? Você pode contar com elas na hora que precisar? Infelizmente muitas amizades modernas não se baseiam em apoio emocional nem em conexões do tipo família. Em vez disso, se baseiam em beber, fumar, fazer programas ou compras juntos, ou fofocar – e algumas dessas coisas são hábitos que reduzem sua vibração.

Muitos desses tipos de amizade podem ter como base ganhos mútuos no curto prazo. Por exemplo, alguns amigos só desempenham um papel ativo na sua vida quando vocês dois precisam de alguém para acompanhá-los a eventos públicos, como festas. A pessoa com quem você vai à academia pode ser considerada amiga, mas se você precisasse de ajuda numa mudança de casa, será que ele ou ela estaria disposto a dar uma mão? Se ofereceria para ajudar? Essas amizades podem não ser más porque são úteis, têm um objetivo, mas logo acabam quando você precisa de ajuda. Nem sempre se pode esperar que essas pessoas estejam lá por você.

Às vezes temos mais amizades superficiais do que significativas. Considere se seus amigos demonstram apoiá-lo. Eles aplaudem quando você vence?

Estimulam atos positivos? Ajudam você a crescer como pessoa? Se não tem certeza, seus amigos podem não ser tão saudáveis quanto você pensava.

Se você suspeita de inveja ou ódio dirigidos a você no seu círculo de amigos, não está andando com as pessoas certas. Amigos de verdade querem o melhor para você. O seu sucesso é compartilhado com eles. Eles não se tornam maldosos quando você se aprimora; eles ajudam você a se aprimorar e garantem que não vá se tornar amargo!

> *Alguns amigos querem que você se dê bem, mas nem tanto. É importante não se conformar com essas amizades medíocres também, porque vão encher nossa vida de energia negativa.*

Nós crescemos e amadurecemos em momentos diferentes uns dos outros, mas algumas pessoas têm crescimento lento porque *preferem* continuar presas. Muitas vezes encontramos pessoas presas nas mesmas rotinas, fazendo as mesmas coisas com os mesmos companheiros e reclamando dos mesmos problemas. Essas pessoas resistem ativamente a mudanças e não saem da sua zona de conforto para ter uma vida melhor. Elas se conformam com a própria insatisfação.

Você pode ser uma dessas pessoas, ou elas podem ser seus amigos próximos. Você talvez seja altamente ambicioso e finalmente descubra coragem para procurar mais na vida. Seus amigos, por outro lado, podem não entender, e a diferença de frequência entre vocês provoca uma separação. Por exemplo, se você quer crescer espiritualmente, pode se interessar por conceitos que são completamente desconhecidos, e até assustadores, para seus amigos.

A verdade é que todos os seus amigos ensinam alguma coisa de valor para você. Cada um tem o seu papel. Alguns em posições temporárias, outros, permanentes. Tudo bem se você amadureceu antes e seguiu com a sua vida. Deve sempre se concentrar na sua vida, expandindo e crescendo como indivíduo. Você só pode fazer grandes coisas para os outros no mundo se sentir alegria verdadeira, se for amoroso e realizado. Se as pessoas à sua volta escolhem caminhos diferentes ou não estão no ponto em que você está, tudo bem. Se elas têm de participar da sua vida, mais cedo ou mais tarde estarão lá. Com o tempo suas jornadas se encontram de novo.

Enfrentando a família

*Você pode perder roupas, hobbies,
empregos, amigos... e até membros da família.
Nós evoluímos nas coisas que não
contribuem para nossa alegria e bem-estar.*

Só por fazerem parte da sua família não significa que os parentes têm as melhores intenções com você. Muitos de nós aprendemos que nada é mais importante do que a família. Mas relacionamentos biológicos nem sempre significam relacionamentos próximos ou apoio. Os amigos podem ser mais família do que a própria família. Não devemos ocultar o fato de que às vezes são os próprios membros da nossa família as pessoas mais tóxicas das nossas vidas.

Interromper esses relacionamentos pode ser a coisa mais triste, porque essas pessoas costumam significar muito para nós, mesmo se nos põem para baixo sempre. É difícil justificar o fim de uma relação com nossos pais, por exemplo, se eles fizeram muito por nós na vida.

Às vezes não precisamos. Basta dizer a eles o que sentimos. Você ficaria surpreso se visse quanta gente ignora o próprio comportamento tóxico com os outros.

Quando eles descobrem que estão realmente fazendo mal para você, eles até podem mudar.

Nós também podemos tentar entender as intenções deles. A maioria dos nossos entes queridos tem boas intenções em relação a nós. Eles querem nos ver felizes, bem-sucedidos e prósperos. Mas podem estar equivocados ou ter visão limitada e isso às vezes passa como algo negativo.

Um amigo teve uma ideia interessante sobre um negócio on-line que queria fazer e buscou aprovação dos pais. Para tristeza dele, a reação não foi a que esperava. Eles ridicularizaram a ideia dele e tentaram dissuadi-lo de ir adiante. Simplesmente não podiam entender como seria lucrativa. Sugeriram que ele parasse de viver no mundo dos sonhos e se concentrasse nos estudos para conseguir as notas para entrar na universidade.

Ele sentiu que sua aposta na ideia brilhante foi abafada pelo ceticismo dos pais. E não era a primeira vez. Era como se seus pais estivessem sempre derrubando suas aspirações e ele achou que estavam sendo negativos. Ele não queria tirar os pais da sua vida porque os amava e morava com eles. Mas às vezes achava que eles não tinham amor por ele!

O que ele não entendeu foi que, apesar dos pais serem críticos, a culpa não era inteiramente deles. As ideias deles sobre o que era factível na vida e o que era sucesso eram diferentes das dele. As crenças dos pais, moldadas por suas experiências e condicionamento social, faziam com que tivessem uma visão diferente da vida.

Para reconhecer amor apesar do criticismo você tem de entender que o ponto de vista de todos, inclusive o seu, é limitado e subjetivo. Todos nós recebemos informação de todos os lugares e tudo que aprendemos provoca impacto no que acreditamos e no nosso modo de pensar – mas depende de quais informações nós escolhemos.

Se ninguém na sua família viu o sucesso de alguém sem diploma universitário e que começou um negócio on-line, a possibilidade de você fazer isso é totalmente nova para eles e pode ser rejeitada de imediato. As pessoas tendem a sentir medo do que não entendem. Então faça um esforço para compreender de onde seus entes queridos vêm e qual deve ser a origem da preocupação ou do cinismo deles.

Muita gente acredita no que faz há muitos anos. Você não pode esperar que eles ignorem suas crenças num instante pela forma que você percebe o mundo. Se você sentir que eles recuam por causa de suas crenças, ofereça um ponto de vista alternativo, mas não pode impor a sua crença a ninguém.

Se quer o apoio dos seus pais, precisa ganhar a confiança deles. Essa é uma tarefa sua, assim como deles. Procure se abrir, converse com eles e diga como se sente. Envolva os dois em seus planos, dê-lhes mais informação ou explique sua visão alternativa, acalme os dois dizendo que já pensou no que pode acontecer se fracassar. Você tem de minimizar o medo deles para que possam acreditar mais. Quando eles acreditarem mais, é possível que deem o apoio positivo que você quer.

Meu amigo mostrou para os pais um plano minucioso do que queria fazer, exemplos de histórias de sucesso e até ensinamentos de figuras icônicas que os pais admiravam e que apoiavam as opiniões dele. Aos poucos foi ajudando os pais a enxergar por um novo ângulo.

Se você se encontra em posição semelhante, cabe a você mostrar aos que duvidam que está fazendo tudo o que pode para que o caminho que escolheu valer a pena.

Se você não provar que leva a sério o que quer fazer, não pode esperar que outras pessoas levem a sério.

Não subestime o poder de convicção pelo exemplo. Se é a mentalidade limitada das pessoas que o cercam que faz com que ajam com frieza, mostre a elas que podem se libertar desse estado triste. Tenha a mente aberta e faça todo o possível para ser carinhoso com elas. Mostre como se comportar, mesmo se for tratado injustamente. Sua fé e determinação podem, aos poucos, inspirar a mudança nelas. Elas podem ver que você é uma ótima pessoa e que é muito gratificante ser assim!

Às vezes com a simples mudança de perspectiva, nos concentrando no que há de positivo nas pessoas que nos desafiam, podemos nos sentir melhor quanto ao relacionamento com elas. Isso é especialmente útil quando moramos com as pessoas que nos desanimam. Isso não resolve tudo, mas se você der valor ao que há de bom nelas e tomar alguma distância até as coisas melhorarem, talvez seja um catalisador para a cura.

É vital lembrar que você não pode mudar os outros a menos que eles mesmos queiram. Você pode influenciá-los e facilitar a mudança, mas não pode *forçar* a mudança. E eles só vão resolver mudar quando tiverem um *incentivo*, como uma vida melhor ou um relacionamento melhor com você. Se não identificarem um problema em seu modo de vida, não terão motivação para mudar.

Em alguns casos o comportamento de um integrante da família pode ser extremo, como infligir danos físicos ou emocionais. Não fomos postos neste planeta para sofrer nas mãos – ou pelas palavras – de outra pessoa, independentemente do relacionamento que temos com ela ou ele. E fingir que o comportamento violento de alguém é normal também faz mal. Se você precisar acabar com o relacionamento com alguém por conta de comportamento destrutivo continuado, faça isso, sem arrependimento.

Estar presente para os outros

Já comentei a importância de estar com pessoas com humor mais positivo do que o seu, vibrando mais alto, se quer se sentir melhor. Isso costuma ser uma ótima solução, mas pode ser um problema para quem tem vibração mais alta. Essas pessoas podem achar que quando acompanham quem não se sente bem terão dificuldade para manter a estabilidade do seu estado emocional. Passar tempo com alguém que busca vibrações positivas pode puxá-las para baixo.

Talvez você se sinta assim quando um amigo explica todos os problemas dele e de repente a tristeza se espalha em você. É contagiante. Aprendi isso na universidade quando um colega de apartamento se sentiu mal depois da namorada ter partido o coração dele terminando o namoro. Uma noite tínhamos saído com amigos, ele voltou cedo para o nosso apartamento, perturbado com o rompimento. A namorada ficou extremamente preocupada com as mensagens de texto que ele enviou para ela, teve medo de que ele fizesse alguma loucura. Ela contou para nós e pediu para irmos ver como ele estava.

Quando meus amigos e eu voltamos para o apartamento a porta do quarto dele estava trancada e ouvimos música bem alta. Batemos na porta, mas ele não respondeu. Ficamos assustados e chamamos o zelador, que tinha uma cópia da chave do quarto.

Quando entramos ele estava encolhido na cama, chorando. Vimos marcas que pareciam cortes nos pulsos dele. Naquele momento entendemos que ele estava tão mal que queria acabar com a própria vida. Felizmente a nossa chegada interrompeu o ato desesperado e pudemos consolá-lo.

Depois disso a vibração no nosso apartamento ficou muito estranha. Todos nós estávamos abalados. O colega que tinha tentado o suicídio não falava muito sobre o incidente, mas ele queria estar comigo. Passei noites apoiando e tentando aconselhá-lo para que se sentisse melhor.

Mas depois de um tempo vi que eu não estava normal, comecei a me sentir para baixo. Entendi que por mais que quisesse ajudá-lo, precisava pensar em mim também. Eu me sentia vazio e não se pode oferecer nada de um recipiente vazio.

Mantive certa distância dele uns dias, interagia com ele o mínimo possível. Por dentro eu me recriminava por não estar dando apoio. Achei que tinha de ser superior e aceitar. Só que eu já estava arrasado e sabia que sem me sentir bem não poderia dar a ele apoio adequado. Seria hipocrisia minha oferecer consolo se eu mesmo estava perturbado.

Ele pareceu estar melhorando e isso me acalmou um pouco. Acabei conseguindo elevar minha vibração e pude apoiá-lo com mais eficiência.

Isso aconteceu muitos anos atrás e desde então muita coisa mudou. Aprofundei muito minha consciência e compreensão, por exemplo. Tenho sorte de estar numa posição em que milhares de pessoas sentem que podem partilhar seus problemas comigo, porque graças ao que aprendi agora sei manter minha vibração estável, mesmo quando a vibração da outra pessoa está muito baixa. Há exceções e ainda trato de proteger minha energia dos que querem sugá-la ou abusar da minha disposição para ajudá-los.

Antes de tentar aprimorar a vibração do outro, certifique-se de que não está acabando com a sua nesse processo. Proteja a sua energia em primeiro lugar.

Se meu estado emocional não estiver bem elevado no início, sei que ao tentar ajudar alguém que está deprimido posso sofrer um impacto emocional profundo.

Se você estiver ouvindo alguém falar dos problemas da vida e não se sentir bem, pode ser vítima de um desgaste enorme da sua energia. Dar ouvidos aos outros pode ajudar, mas aumentar o número de pessoas infelizes no mundo não beneficia ninguém.

A melhor coisa a fazer nessa situação é mudar seu estado e vibrar o máximo que pode. É assim que você protege a sua vibração. Ao fazer isso você cria força para ajudar os outros.

Lidar com pessoas negativas

Nem todo mundo vai entender você, aceitar você ou procurar compreendê-lo. Algumas pessoas não vão receber bem sua energia. Faça as pazes com isso e continue caminhando para a sua felicidade.

Praticamente todas as pessoas do mundo, por mais bondosas ou maravilhosas que sejam consideradas pela maioria, terão ao menos uma pessoa que não gosta delas. Só se você ficasse sozinho em sua casa o dia inteiro e ninguém o visse, conversasse com você ou soubesse da sua existência, aí sim seria possível que ninguém demonstrasse raiva de você. Atraímos ódio por sermos *alguém*.

Eu recebo comentários negativos das pessoas de vez em quando, mesmo tendo feito alguma boa ação. Isso ocorre em parte porque esse tipo de ataque é muito comum na internet, especialmente porque as pessoas não precisam revelar sua identidade. On-line estão livres para deixar comentários maldosos, coisas que nem sonhariam falar na vida real, sem ter de assumir qualquer responsabilidade por suas palavras.

Lembro da primeira vez que zombaram de mim. Foi quando eu tinha cinco anos. Estava na escola e nossa turma tinha de descrever pai e mãe.

Isso provocou perguntas das outras crianças e quiseram saber o que tinha acontecido com o meu pai. Eu não sabia o que dizer e felizmente minha professora interveio. Sinceramente eu não sabia que as crianças deviam ter os dois, pai e mãe. Estava acostumado a ter só minha mãe e não questionava isso.

Na hora do recreio algumas crianças da minha sala começaram a zombar de mim.

Diziam coisas assim: "ele nem tem um pai..." "o pai dele deve ter morrido..." "a mãe é o pai dele..."

Fui ficando irritado e acabei reagindo violentamente. Foi uma grande encrenca para mim, apesar de contar para a professora por que tinha agredido os outros.

Se não tivesse ido para a escola eu não teria essa experiência. Mesmo quando somos pequenos o que cria ódio pelos outros costuma ser a falta de compreensão e de compaixão. Se as pessoas não são iguais a nós, em geral as rotulamos como desajustadas e fazemos pouco delas. E quanto mais somos expostos, maiores são as chances de receber condenação e críticas. Isso porque estamos diante de uma grande plateia, cada um com a própria noção do que é "normal".

Pense nas celebridades. São apenas humanos, mas como atingem tanta gente, recebem muitas críticas. Falamos sobre bondade com os outros, mas excluímos os famosos, como se não fossem humanos. Infelizmente cada um tem sua cartilha, mas falha na hora de seguir o que ela orienta. São as mesmas pessoas que recitam santas palavras que têm comportamento ímpio. São as mesmas pessoas que acreditam que estão no caminho da retidão, mas julgam os outros por não estarem nesse mesmo caminho.

Lembre que a negatividade dos outros é inevitável. Com a nossa constante exposição ao restante do mundo, e nossas interações com ele, vamos enfrentar pessoas que têm baixa vibração e que agem com maldade.

Tentar manter distância dessas pessoas pode ser uma tarefa muito árdua pois é quase impossível evitá-las.

Aqui vão alguns lembretes importantes para ajudá-lo a se manter em paz quando as pessoas falam coisas negativas em relação a você. Você vai perceber que a melhor defesa é o silêncio e a alegria.

> *"Ninguém pode me magoar sem a minha permissão."*
> MAHATMA GANDHI

O sofrimento adora companhia

Infelizmente as pessoas que estão com a vibração baixa costumam querer arrastar as outras para o nível delas. Às vezes tentam expor o que tem de errado em você porque não conseguem suportar o que você tem de certo. Provavelmente não gostam quando terceiros demonstram carinho ou atenção para você, e o ressentimento delas deve aumentar quando os outros continuam gostando de você, apesar dos esforços que elas fazem para que o odeiem.

A internet está cheia de gente que gosta de ver os outros sendo ridicularizados e atacados covardemente. Aceitam rapidamente suposições negativas e adoram comemorar fracassos. Pessoas que cometeram erros ou que passam por momentos ruins logo se tornam tópicos populares devido ao vício cultural quanto à queda dos outros.

Pessoas que se opõem ao progresso

Quando você faz barulho tem sempre alguém que vem abaixar o seu volume. Quando você brilha vem alguém tentar diminuir sua luz. É simples, se você não se destacasse as pessoas não teriam motivo para demonstrar ódio.

Esses que odeiam, os *haters*, costumam ser indivíduos que se sentem ameaçados, que têm inveja ou mágoa da nossa segurança quando batalhamos pela grandeza. Devem sentir que o nosso sucesso vai limitar o deles, ou temem perder seu lugar para nós. Não gostam da ideia de que a nossa segurança nos leva ao aplauso porque desejam elogios para eles. Podem se sentir ofendidos pelas nossas crenças se as deles são limitadas por uma mente condicionada que se sente impotente para mudar qualquer coisa.

Eles querem enfraquecer sua determinação e vontade de modo que seus egos não sejam ofuscados. Quando nos diminuem, acham que não vão se sentir tão pequenos. Essas pessoas existem e vão aparecer no seu caminho para uma vida maior. Não devemos negar a existência delas, mas também não devemos reagir. Uma reação é exatamente o que eles querem para nos botar para baixo e proteger seus egos.

Pessoas magoadas magoam outras pessoas

O modo de agir em relação ao mundo externo ilustra o que acontece no interior das pessoas. Quando alguém faz com que você se sinta mal é porque essa pessoa está se sentindo mal. Entender isso nos ajuda a passar por situações desse tipo sem cair.

Por exemplo, a tristeza faz com que as pessoas ajam com amargura e sem amor; dor e sofrimento reduzem nossa vibração. É o efeito dominó da mágoa, porque em geral as pessoas não estão bem porque foram magoadas por outra pessoa que não estava bem. Essas pessoas recém-magoadas magoam outras e isso se multiplica.

Querer curar a dor causando dor nos outros não funciona. O guru indiano e professor espiritual Osho uma vez comparou isso a esmurrar um muro. Dizia que atacar os outros para aliviar sua dor é como alguém que sente raiva, descarrega numa parede e a parede não está com problema nenhum, essa pessoa é que está. Ela acaba mais machucada ainda, mas não foi a parede que a atacou.

Não gostam do diferente

As pessoas costumam se sentir atraídas por indivíduos parecidos com elas. Uma técnica de programação neurolinguística (PLN) chamada espelho demonstra que imitar o comportamento de um indivíduo faz com que ele goste de você.

Se você costuma ser falante, animado e cheio de vida, e encontra alguém assim, vai achar que é uma pessoa legal. E se o padrão de fala, a linguagem corporal e o tom forem semelhantes aos seus você pensa, tem alguma coisa nele ou nela que eu gosto muito. Porque é igual a você.

Também podemos assumir que o contrário é verdadeiro: as pessoas tendem a não sentir afinidade com indivíduos que são diferentes deles. E alguém diferente de você pode achar que você é meio estranho, ou fora do prumo. Acaba que não entendem você, nem querem, porque sua energia não combina com a deles.

Tudo que vai tem volta

Você já deve ter ouvido a palavra "carma". Muita gente não gosta desse termo porque é um conceito teológico (encontrado no budismo e religiões indianas, entre outras) que envolve reencarnação. A crença de que seus atos terão ramificações na sua próxima vida. Quanto mais boas ações você praticar, melhor será sua próxima vida.

Acreditando ou não na reencarnação, a maioria de nós aceita a noção de que colhemos o que plantamos. Na ciência, podemos reconhecer isso como "causa e efeito", ou relacionado à terceira lei de Newton: para toda ação corresponde uma reação equivalente e contrária. E se estudar a maior parte dos textos religiosos encontrará referências relativas à ideia de que tudo que vai tem volta.

Mas quando as pessoas nos tratam injustamente nós não costumamos nos acalmar e seguir em frente pensando que o carma cobrará seu preço. Em vez disso, somos pegos pelas emoções enquanto nossa mente assiste dos bastidores.

Por exemplo, se alguém anda por aí dizendo que você é violento e você obviamente não é, você vai se ofender. Se fizerem isso repetidamente, talvez a raiva aumente. Um dia você pode estar saturado daquelas acusações e então reage violentamente. Mesmo que a história não seja verdade, nesse momento seus atos fizeram parecer que é.

Já vimos que os atos movidos por um estado de vibração baixa como a raiva só vão nos machucar mais, e isso inclui o mau carma que essas atitudes vão criar. Por isso, não permita que a crueldade dos outros defina o seu futuro.

Os solitários e entediados querem atenção o tempo todo

Se sua vida não é interessante você se concentra nas outras pessoas. Busca animação e atenção em odiar os outros e provocar reações. Por isso memes são tão populares na internet. Querem que os outros riam dessas tentativas de zombar dos outros. Fazem isso por curtidas, comentários e compartilhamentos. Pela gratificação instantânea. Assim se sentem bem por um breve tempo, como se fizessem algo que vale a pena. Isso leva ao meu último ponto...

O que as pessoas falam de você diz mais sobre elas do que sobre você

Quando julgam os outros as pessoas se revelam. Mostram suas inseguranças, carências, mentalidade, agressividade, história e limitações. E elas pintam um quadro bem claro do futuro delas: não vão muito longe, nem terão uma vida feliz, se estão desperdiçando seu tempo precioso julgando os outros.

Querer agradar a todos

Se você está sempre tentando agradar aos outros não vai conseguir por muito tempo. No fim das contas, não vai satisfazer ninguém, nem você mesmo.

Espero que tenha ficado claro que fazemos muitas coisas para sermos aceitos, mas se queremos dar certo na vida e manter a nossa paz precisamos ser um pouco egoístas. Nunca poderemos satisfazer todas as pessoas e é exatamente por isso que não devemos nem tentar. Desista do hábito de agradar a todos e comece a agradar a você!

Eu gosto de ajudar os outros com seus problemas pessoais e acho difícil parar de tentar deixar todo o mundo feliz. No passado recebia centenas de e-mails por semana de pessoas que contavam seus problemas e pediam ajuda. Claro que eu gostaria de ajudá-las.

Algumas pessoas escrevem e-mails muito longos, mais de 2.000 palavras. Eu não acredito em fazer coisas pela metade, por isso minha resposta era sempre completa. Ler e responder um e-mail tão longo assim tomava muito do meu tempo.

Responder a todos era praticamente impossível e algumas pessoas ficaram furiosas porque achavam que eu as ignorava. Eu me senti péssimo e comecei a me punir por isso. Mesmo tendo tarefas mais urgentes a cumprir, dedicava bastante tempo a responder a esses e-mails.

Fiquei sobrecarregado. Percebi que não podia satisfazer a todos, que não devia tentar nem ser duro demais comigo mesmo. Era importante dar prioridade às minhas necessidades e foi exatamente isso que fiz. Nunca olhei para trás.

Tenho certeza de que você pode se identificar de alguma forma à minha experiência de ter sido criado numa comunidade muito crítica. Quando criança, certas carreiras eram bem aceitas na comunidade. Se me tornasse um médico seria considerado inteligente, rico e filantrópico.

Só que minha comunidade me julgaria mesmo assim, se eu fosse médico. Por exemplo, se ficasse solteiro até os 30 anos por trabalhar o tempo todo, seria sinal de que havia alguma coisa errada comigo. Se não tivesse minha casa, diriam que tinha problemas financeiros. Se virasse médico e tivesse tudo menos um filho, iam achar que estava tendo problema de fertilidade. É assim que essas comunidades funcionam. Sempre tem alguém para ver um defeito em você.

Às vezes sou acusado de ser arrogante ou teimoso por não ligar para a opinião dos outros. É uma extensão de um costume de crítica que leva as pessoas a chegar a essa conclusão.

Opiniões construtivas podem ser muito benéficas para o nosso crescimento, mas as destrutivas, que nos desmoralizam, não têm nenhum objetivo positivo. Violência e criticismo disfarçados de "informação" não merecem sua atenção.

Deixe que suas boas vibrações protejam você

*Algumas pessoas negativas
são alérgicas ao positivo.
Seja tão positivo que elas não suportem
estar ao seu lado.*

Depois de me comprometer a viver a vida com mais otimismo, larguei meus hábitos nocivos e abracei o positivo sempre que pude. Então comecei a notar que algumas pessoas com quem me relacionava não gostaram disso. Elas preferiam meu comportamento antigo. Queriam que eu reclamasse, que fosse agressivo e crítico de tudo.

Foi como se minha atitude fosse positiva demais. Algumas pessoas me rotularam de fraude. Eu entendi por quê: tinha passado de alguém que reclamava demais para alguém que fazia um esforço consciente para ver o que havia de bom nas coisas. Fui para uma frequência diferente da delas, emocionalmente. Quanto mais distante você está, emocionalmente, de outra pessoa, menos real parece para ela. Isso se baseia na Lei da Vibração. Essa distância pode deixar dois indivíduos pouco à vontade um com o outro, por não vibrarem juntos. Às vezes isso é um ótimo sinalizador de quem você precisa se afastar.

O que ficou aparente nesse meu novo comportamento positivo foi que eu estava afastando certas pessoas. Quando eram grossas comigo eu começava a reagir carinhosamente com elas. Não comparecia para a batalha que estavam preparando. Isso as repelia porque não tinham resposta para a minha reação à rudeza delas. Isso foi ótimo, aquelas pessoas tinham uma frequência bem mais baixa do que a minha, mas não tinham interesse em elevar a delas, estavam bem com seu comportamento cínico. Nossas energias eram incompatíveis e essas pessoas desapareceram da minha existência. Não precisei me afastar delas, elas fizeram isso por mim.

Ouse abandonar um emprego tóxico

Pode acreditar que seu objetivo não é ficar em um emprego do qual não gosta pelo resto da vida.

Se você soubesse de um beco famoso por assassinatos ia querer evitá-lo. Saberia que passando por ele estaria arriscando que algo terrível acontecesse com você, independentemente do seu estado de espírito.

Menos dramático, se você é convidado para uma festa de aniversário e sabe que uma pessoa que costuma atacá-lo verbalmente estará presente, pode evitá-la e proteger sua paz interior. Você sabe que se for só vai atrair drama.

Mas há lugares tóxicos assim que são muito mais difíceis de evitar. Um dos mais comuns é seu local de trabalho. Pode ter gente que faz da sua vida um inferno, mas você não pode simplesmente ficar em casa.

Tive essa experiência com um novo gerente quando trabalhei no escritório que mencionei anteriormente. Não o culpo inteiramente por seus atos. Tinha a vida dele e sofria pressão daqueles a quem precisava prestar contas. E eu não era nenhuma maravilha de funcionário porque não gostava do trabalho que fazia, por isso não me empenhava.

Apesar de grato por ter um emprego decente, tudo indicava que eu precisava sair de lá e seguir minhas paixões. Sabia que queria espalhar ideias positivas no mundo e ajudar as pessoas a terem uma vida melhor. Então um dia dei um passo enorme e corajoso: larguei o emprego e saltei no desconhecido.

Era um risco enorme. Saí sem segurança financeira porque não tinha economizado grande coisa. Alguns podem achar que fui ousado e corajoso. Outros podem atribuir a atitude à ingenuidade. Mas depois que saí acordava todas as manhãs muito grato. Apesar de ter alguns encargos financeiros, a sensação de paz que encontrei não tinha preço. Logo consegui seguir minha paixão e iniciar um blog de estilo de vida, compartilhando artigos sobre desenvolvimento pessoal.

Jamais me arrependi daquela decisão e agradeço todas as dificuldades que enfrentei antes de começar. Por exemplo, as cicatrizes do trabalho em empregos impróprios me deram sabedoria e determinação que me ajudaram a criar uma vida melhor para mim e para os outros. Mesmo assim, é muito comum as pessoas ficarem presas em locais de trabalho nocivos. Eles nos empurram para estados mentais nada saudáveis e afetam sobremaneira nosso bem-estar.

Largar um emprego que não satisfaz é assustador e em geral os compromissos financeiros nos impedem de dizer "basta" e agir de acordo. Todos nós desejamos segurança e conforto, e pular no desconhecido é mesmo assustador. Mas não podemos ter certeza da segurança de um emprego também. Não controlamos nosso salário, os aumentos, as promoções e nada do nosso trabalho, nem de continuar nele.

Quando você percebe que merece coisa melhor do que a situação tóxica em que está preso, seja ousado e siga adiante. Não precisa apressar o processo, mas quanto mais tempo você fica sob essas condições prejudiciais, mais sabota a própria vida.

PARTE QUATRO

Aceitar a nós mesmos

Introdução

Você não será importante para as outras pessoas o tempo todo, por isso tem de ser importante para você mesmo. Aprenda a gostar da própria companhia. Cuide-se. Estimule diálogos positivos com você mesmo e torne-se seu sistema de apoio. Suas necessidades são importantes, por isso trate de satisfazê-las. Não dependa dos outros.

Um dia alguém perguntou, "Se eu pedisse para você enumerar todas as coisas que ama, quanto tempo levaria para se colocar na lista?".

Essa pergunta serve para lembrar que muitos de nós negligenciamos o amor-próprio. Isso resulta de um problema comum na nossa sociedade: somos condicionados a dar mais importância ao que os outros pensam de nós do que ao que nós pensamos.

Aprender a interagir bem com as pessoas e fazer com que gostem de você ajuda a alcançar seus objetivos. Mas um problema mais profundo tem de ser resolvido antes: *você gosta de você mesmo?*

Aprendemos a dar importância ao que os outros sentem por nós, mas evitamos nos concentrar no que sentimos por nós mesmos. Isso cria uma sociedade em que as pessoas tentam impressionar as outras para serem amadas, mas lá no fundo continuam insatisfeitas porque não gostam delas mesmas.

É verdade que é bom ter nossos talentos reconhecidos, quando nosso trabalho é recompensado, nossas conquistas aplaudidas ou nossa aparência elogiada. Nesses momentos justificamos nossa existência. Ficamos lisonjeados. Sentimos que somos amados. Sentimos que somos importantes. A vida é boa.

Mas continuamos numa missão perpétua de agradar aos outros para provar nosso valor. Criamos dívidas comprando coisas das quais não precisamos para poder impressionar pessoas que não ligam para o nosso bem-estar. Mudamos para nos encaixar em vez de mudar o mundo sendo nós mesmos. Alteramos nossa beleza natural para nos adaptar às expectativas da sociedade. Batalhamos por infinitos objetivos externos enquanto negligenciamos nosso crescimento espiritual.

O poder do amor e da bondade é imenso, e compartilhá-lo com os outros pode transformar o mundo. Mas também devemos ser bondosos e amorosos com nós mesmos. Em vez de tentar mudar quem você é, comece a se permitir a sensação de estar bem. Transforme o seu próprio mundo e terá o que precisa para mudar o mundo à sua volta.

O que costuma acontecer com frequência é que se não tratamos nós mesmos com a bondade e o respeito que merecemos ficamos inseguros, e isso afeta nossa atitude e nossa saúde. Passamos a nos esforçar para mostrar o amor pelos outros da forma que queremos para nós o que, por sua vez, afeta as expressões de amor que *recebemos*. As pessoas tendem a gostar de estar com e de se apaixonar pelos indivíduos que se aceitam como são. Por esse motivo o amor-próprio é um elemento vital para construir relacionamentos fortes.

Introdução

Digamos que uma jovem chamada Kierah, que carece de amor-próprio, dá sinais de insegurança no relacionamento com o namorado Troy, por não se achar tão bonita quanto as outras meninas que Troy conhece. Do ponto de vista de Troy isso faz com que ela demonstre falta de respeito e de confiança em seu comportamento, espiando o celular dele e lendo suas mensagens privadas. Mesmo que se amem de verdade, o relacionamento sofre por causa da falta de amor-próprio de Kierah. O comportamento dela começa a afetar o bem-estar de Troy. Ele então passa a achar que o que ela faz indica que não o ama realmente, e assim a autoestima dele fica comprometida. O relacionamento se deteriora e acaba.

Quando você se aceita como é, enfatiza seu bem-estar e alegria e se conforma sabendo que nem todo mundo vai aceitá-lo como é. Você conhece o seu valor, por isso não se importa se não é reconhecido pelos outros. De fato, você passa a entender *por que* eles não reconhecem: infelizmente porque as pessoas que não se aceitam acabam procurando defeitos nos outros.

Voltamos ao início: a importância de nos amarmos incondicionalmente.

As ideias a seguir, vão ampliar a sua consciência e compreensão de por que você tem suas crenças atuais, para você poder fazer mudanças significativas na sua vida. Essa jornada de crescimento pessoal vai guiá-lo para a autoaceitação e proporcionar experiências alegres no seu mundo.

Dê valor à sua beleza física

É ótimo se cuidar quando se trata da aparência física. Devemos estar sempre bem na nossa pele, e cuidar do nosso corpo é um hábito saudável. O simples fato de termos um corpo já é incrível. Somos reflexo da maravilha da natureza.

Acreditando ou não em Deus, quando o mundo foi criado não recebeu regras nem instruções para ajudar a humanidade a avaliar o que é beleza física. Essas ideias se formaram em nós e hoje são muitas vezes moderadas e manipuladas pela grande mídia.

Só podemos reconhecer nossa beleza se praticarmos o amor-próprio, mas vou ser sincero, é difícil. Com as plataformas da mídia jogando com as nossas inseguranças é complicado deixar de nos compararmos com os outros.

Somos bombardeados por imagens de pessoas com físico convencionalmente atraente. Sabemos que grande parte dessas fotos não são reais, que foram editadas ou modificadas para vender uma ideia, um produto ou um sonho, mas esquecemos isso com facilidade, e elas rapidamente aumentam os problemas de confiança.

Definimos nossos defeitos físicos em relação ao que nos dizem que é o "corpo perfeito". Estão sempre afirmando o que é beleza e, se não questionamos, essas infinitas mensagens inserem na nossa cabeça uma definição subconsciente do que significa ser belo ou bela. Qualquer coisa que não se encaixe na definição popular da beleza nos parece um defeito e nos torna críticos, sempre analisamos a beleza física segundo esses parâmetros. Além de afetar o modo como vemos os outros, isso também afeta como nos vemos.

No meu trabalho tive a sorte de lidar com muitos jovens. Alguns têm uma grande lista de seguidores on-line, outros são apenas típicos adolescentes. Conheci bem uma das jovens mais seguidas e fiquei triste ao saber que ela atraíra muito ódio resultante do aumento de popularidade. Quando publicou fotos naturais dela nas redes sociais recebeu críticas por ser feia. A pressão de ser julgada e ridicularizada levou-a a fazer uma plástica estética para manter sua imagem pública.

Mas o ódio contra a jovem continuou. Primeiro ela foi julgada por não parecer perfeita para os padrões da sociedade, depois por tentar consertar isso. A verdade é clara: você simplesmente não pode agradar a todos.

Também conversei com uma jovem que admirava essa figura pública e ela admitiu que muitas vezes ficou insegura ao comparar sua aparência física com a da pessoa que admirava. Disse que isso a fez ser agressiva com outras pessoas. Não achava nada de mais deixar mensagens negativas sobre a aparência de outras figuras públicas, só porque não eram tão bonitas quanto a jovem de quem era fã. Observei que comentários semelhantes tinham sido motivo para a outra recorrer à cirurgia.

Existe uma cultura de negatividade rondando a internet que atinge até aqueles de quem dizemos gostar. A constante comparação entre pessoas nos leva a uma teia de pensamentos negativos e sem compaixão.

Não deixe que ideias sobre beleza construídas socialmente reduzam sua autoestima. A beleza não tem regras. Aceite e goste de você como você é. Aceite seus defeitos e fique confortável em sua pele. Vista suas imperfeições como se elas não precisassem de uma estação para estarem na moda.

Nunca permita que os ideais da sociedade para beleza física desvalorizem a sua existência. Quase todos esses ideais são movidos por insegurança e pelo desejo de sentir mais confiança em nós mesmos — ou são para vender alguma coisa. Pense nisso, quantas empresas fechariam as portas se você se aceitasse de fato?

O tamanho da sua calça jeans não define você.
A cor e o tom da sua pele não definem você.
Aquele número na balança não define você.
Aquelas manchas no rosto não definem você.
Aquelas opiniões não definem você.

A beleza que você tem não agrada a todos e tudo bem. Não significa que você é menos bonito ou bonita do que qualquer outro ser humano. A perfeição é subjetiva e se baseia inteiramente na percepção. Vista suas "imperfeições" com orgulho, porque elas o tornam único. Nunca deixe de dar valor à própria beleza.

Se você gostaria de ser outra pessoa, saiba que não está sozinho. Mas se é capaz de reconhecer e abraçar sua beleza única, poderá viver com autenticidade e ter orgulho de quem você é. As pessoas que se aceitam como são podem servir de inspiração para o mundo. E pode ser você. Você pode mostrar para o mundo como chegar à felicidade aceitando quem você é.

Só se compare a você mesmo

Ignore o que os outros estão fazendo. Sua vida não é sobre os outros, é sobre você. Em vez de se concentrar no caminho deles, preste atenção no seu. É nele que sua jornada acontece.

Comparação é um dos gatilhos mais comuns para a nossa tristeza. Admito que isso tirou minha alegria inúmeras vezes. Chegou ao estágio em que eu ficava constrangido com a minha vida por não ser tão atraente quanto a vida dos outros à minha volta. Lembro que no tempo de escola eu raramente convidava meus amigos para a minha casa por me sentir envergonhado com seu tamanho e estado.

É muito difícil não nos comparar com os outros nesse mundo. Em uma das minhas meditações tive uma lembrança de um casamento que assisti na infância. Participei de algumas brincadeiras com outras crianças. Devia ter uns 10 anos. Havia um menino que era um pouco mais velho do que eu e ele resolvia o que íamos fazer. Parecia ser o líder.

Em dado momento nós paramos de brincar e esse líder deu uma boa olhada em volta para ver como estávamos vestidos. Ele usava roupa cara, de grife.

O menino foi muito grosseiro com as outras crianças falando das roupas. Comecei a ficar meio angustiado quando ele foi se aproximando de mim. Minhas roupas não eram nada caras. Eu não queria que ele zombasse de mim na frente dos outros e que me chamasse de pobre. Eu sentiria vergonha, especialmente porque já estava constrangido com a minha casa.

Felizmente algo o distraiu e eu me safei de ser examinado. Mas o medo de ser julgado pela falta de riqueza aparente nunca me abandonou. Só piorou quando cresci. Em dias especiais na escola, quando podíamos usar a roupa que quiséssemos, as crianças que não tinham roupa de marca eram muitas vezes espezinhadas.

Não sei como minha mãe conseguiu, com três filhos e emprego de salário-mínimo, mas ela sempre se esmerou para que não passássemos por isso. No entanto, se eu calçava Nike, era o modelo mais barato. Eu ficava espiando as crianças que usavam os caros, me sentia pobre e insignificante. Queria o que eles tinham e nesses momentos lembrava de tudo que me faltava.

As crianças podem adquirir o hábito de se comparar com as outras através dos pais. Pais e mães querem o melhor para os filhos, por isso talvez elogiem outras crianças para motivá-las a serem melhores. Por exemplo, podem dizer "Saira tirou 10 nas provas. Ela é muito inteligente e tem um futuro maravilhoso pela frente".

A intenção pode ser inofensiva, mas isso tem potencial para sabotar as habilidades da criança, principalmente se ela não está sendo elogiada por suas conquistas também. Se houver comparações diretas a criança se sentirá degradada e imprestável. Frases como "você devia ser inteligente como a Saira" são extremamente danosas e podem imprimir para sempre a sensação de fracasso na criança.

O marketing de marcas nos estimula a comparar o tempo todo. Você não é "descolado" se não for Apple, não é bem-sucedido se não for Lamborghini e não está na moda se não for uma peça usada por uma celebridade. Essas implicações são feitas como estratégias capciosas que apostam no medo e na baixa autoestima.

Quando comparamos sempre olhamos para os que consideramos melhores do que nós. Raramente para os que enfrentam batalhas piores do que as nossas. Assim nunca sentimos gratidão pelo que temos.

Olhar para os outros como inspiração é bom, mas há uma diferença entre inspiração e inveja.

O crescimento das redes sociais está se tornando um problema também. Grupos de jovens adultos e crianças estão sendo sugados para elas sem se darem conta de que redes sociais apresentam versões cor-de-rosa da vida como se fossem verdade, e é com essa ficção que eles se comparam.

Eu percebi que às vezes casais que estão quase desistindo do relacionamento publicam inúmeras imagens carinhosas on-line para que ninguém saiba que estão passando por isso e os julguem. (Não que em vez disso esses casais devessem compartilhar suas brigas e discussões on-line; ninguém sugere, no meio de uma discussão, "espere aí, eu vou tirar uma foto disso".) As pessoas publicam comentários saudando a relação do casal e dizendo que queriam ter a mesma coisa – fazem a comparação. Elas não têm ideia do que está acontecendo nos bastidores. Não podemos ver ou entender tudo com uma foto.

Comparar nossa vida com outras que vemos on-line é desperdício de energia. As pessoas só compartilham fotos em que parecem atraentes, felizes e bem-sucedidas. Não quando estão cansadas, assustadas e solitárias.

Só se compare a você mesmo

Também me dei conta de que alguns relacionamentos na tela são feitos para beneficiar os envolvidos. Por exemplo, para impulsionar seus perfis públicos. Por isso alguns desses casais parecem ter mais amor para a câmera do que para o parceiro. Mesmo assim suas fotos podem ser vendidas.

Lembre-se de que, se alguém compartilha fotos ou vídeos da sua vida maravilhosa, você não sabe o que eles tiveram de passar para chegar ali. Para cada triunfo pode ter havido um balde de sangue, suor e lágrimas. Mesmo para algumas figuras públicas que estão sempre aparecendo apaixonadas on-line pode haver uma história de rejeição e bullying. Para cada foto deslumbrante que mostram podem ter apagado 50.

Vi pessoas que são completamente diferentes nas redes sociais do que são na vida real. A verdade é distorcida com filtros e legendas inspiradoras para fazer tudo parecer melhor do que é. Todos nós sabemos disso, mas é fácil esquecer.

A natureza humana se sente atraída pelas redes sociais para ter aceitação instantânea através de curtidas, comentários e seguidores. Quando usamos as redes, nosso cérebro libera dopamina, hormônio que nos dá prazer (e que também está ligado aos vícios). Já pensou que você pode estar comparando sua vida com as das pessoas que usam redes sociais para preencher um vazio nelas porque esqueceram de praticar amor-próprio?

Não se trata do que as pessoas estão fazendo ou compartilhando on-line. Não é o que fazem na vida ou até onde chegaram. É sobre você. A sua competição é com você mesmo. Superar você é sua tarefa diária e é nisso que você deveria focar ao comparar: na pessoa que você era ontem. Se quiser ser a melhor versão de você mesmo precisa manter o foco na sua vida e em seus objetivos.

ACEITAR A NÓS MESMOS

Competir com os outros alimenta amargura, não aprimoramento.

Não existem duas jornadas iguais. Você é seu caminho. Todos seguimos na vida no nosso ritmo e chegamos a diferentes estágios em momentos diferentes. Alguém já pode estar na parte mais interessante da história pessoal enquanto você ainda está se preparando para a sua nos bastidores. Não quer dizer que você não terá sua oportunidade para subir no palco e brilhar.

Veja a vida das outras pessoas e aplauda o sucesso de cada uma delas. E continue buscando o seu. Agradeça o que tem agora. E lembre até onde você chegou enquanto segue na direção dos seus sonhos.

Dê valor à sua beleza interior

Quantas vezes você ouviu alguém ser chamado de lindo pelo jeito de pensar ou pelo que faz pelos outros? É bem raro, especialmente em relação ao número de vezes que as pessoas são consideradas lindas pela aparência física. Em geral, rotulam os outros de "lindos" por motivos superficiais e deixam de ver aqueles que demonstram beleza interior: amor incondicional e bondade. Isso porque, infelizmente, essas qualidades não são interessantes para quem persegue o sucesso superficial.

Por esse motivo é muito comum que as pessoas mudem sua aparência para refletir os ideais de beleza que a sociedade foi condicionada a venerar – mas é bem menos comum mudar seu jeito de pensar e de agir.

Se procurarmos chamar mais pessoas de lindas pela sua bondade, teremos mais interesse em mudar nosso comportamento. A beleza é muito mais do que aparência física.

Sentir atração física por alguém não significa que você precise investir sua energia nessa pessoa. O coração, a mente e o espírito dela devem ser lindos para você também. Um carro esporte de luxo é inútil sem motor, assim como é inútil alguém que só é belo fisicamente para você.

Será difícil seguir em frente na vida se a pessoa não tiver afinidade com seus valores mais centrais.

Beleza física só satisfaz necessidades físicas.
Só aqueles com conteúdo podem satisfazer
corações, mentes e almas dos outros.

A verdadeira beleza deve ser mais profunda do que o que os olhos veem. Deve existir além da pele. Nosso corpo pode sempre mudar, mas nossa beleza interior pode ser para a vida inteira. É aí que está o seu valor e por que é tão importante dedicar tempo à construção do seu caráter. Afinal, podemos comprar cirurgias, mas não podemos comprar uma nova personalidade. Você pode atrair muita gente com sua aparência física, mas só pode manter uma pessoa especial com o que tem por dentro.

Comemore suas realizações

Achamos que sucesso é ser famoso, rico, e possuir coisas caras. Mas se você conseguiu sair do fundo do poço isso já é um grande sucesso. Não esqueça que você é vencedor cada dia que não desiste e continua no dia seguinte.

Sabia que você realiza grandes coisas todos os dias? Pode não parecer se está sempre olhando para o que tem pela frente. Mas muitas coisas que você conquistou hoje são aquelas com as quais sonhou no passado. Você apenas não nota no momento em que acontecem. Ou elas passam muito rápido.

Não devemos nos sentir confortáveis demais com nossas conquistas a ponto de sermos complacentes e pararmos de ir adiante, mas devemos nos dar um tempo para comemorá-las. Senão você se lembrará da sua vida e achará que não fez nada significativo. Mas se isso fosse verdade sua vida teria sido sempre a mesma.

Somos exigentes demais com nós mesmos. Lembramos tudo que fizemos de errado, mas raramente pensamos sobre as coisas que fizemos bem. Isso parece familiar? Se parece é porque você é crítico demais com você mesmo.

ACEITAR A NÓS MESMOS

Você precisa se dar um afago nas costas de vez em quando. Você fez coisas que algumas pessoas disseram que não conseguiria. Fez coisas que até você duvidava. Mas sinta-se orgulhoso. Você batalhou para chegar aonde está hoje. Reconhecer isso trará contentamento e aumentará sua vibração.

Respeite a sua singularidade

Sua individualidade é uma bênção, não uma carga. Se tentar ser como os outros, sua vida não será melhor do que a deles. Se seguir o rebanho você se torna parte dele e nunca se destaca. Percorrer o mesmo caminho dos outros liquida a chance de você ver qualquer coisa diferente do que eles veem.

Quando somos crianças sempre nos lembram de que temos nossa individualidade, de que não devemos nos envergonhar de sermos nós mesmos. Costumamos ser encorajados a perseguir nossos sonhos mais ousados! Mas quando crescemos o mundo das oportunidades encolhe. As pessoas dizem: "seja você mesmo... mas não assim!" Ou "você pode ser qualquer coisa no mundo... mas esse é o caminho que deve seguir".

Na psicologia, o conceito de "prova social" sugere que as pessoas gostam de seguir a manada. Se todo mundo está fazendo, você conclui que é o certo. Outras pessoas influenciam seus atos mais do que você pensa. Por exemplo, se tivesse de escolher um de dois novos bares e visse que um está lotado e o outro não, você ia imaginar que o vazio deve ser ruim e que o mais popular deve ser muito melhor. Mas só porque todos vão não significa que está certo. A escravidão era legalizada, mas hoje quase todos concordam que é desumana, degradante e imoral.

Comece a questionar seus atos. Por que faz o que faz e escolhe o que escolhe? Está fazendo o que realmente pensa que é certo, ou está seguindo os outros? Se descobrir que suas escolhas são muito ditadas pela visão dos outros, saberá que está abdicando do controle da sua vida. Sem controle entramos em pânico e terminamos em estados de vibração baixa. Ansiosos, por exemplo. Acabamos sem controle nenhum sobre a alegria que sentimos, já que nos tornamos escravos das opiniões dos outros.

Medo e escassez são comumente usados para controlar a sociedade. Conheci muita gente que, em vez de viver a vida que havia escolhido, viveu o que foi determinado pelos outros na forma de orientação e apoio de boa-fé. E enquanto algumas pessoas *querem* o melhor para você, elas não têm como entender o que é melhor para você. Elas também podem tomar decisões por você baseadas no medo que foi passado para elas por outra pessoa.

Você não deve ter a sensação de que está vivendo sob o que outras pessoas acreditam. Não deve sentir que precisa atender às expectativas de todos nem viver sua vida para merecer a aprovação das pessoas. Não deve sentir que desistiu de ser quem realmente é, que desistiu da sua singularidade. A vida não deve parecer restritiva.

A verdade é que de qualquer maneira você vai ser julgado, vivendo a sua vida em seus termos ou nos de outras pessoas.

Você pode dar ouvidos à multidão ou dar ouvidos à sua alma e subir em seu próprio palco.

Alguém disse uma vez que o tigre não perde o sono com a opinião das ovelhas. O tigre não se abala com o julgamento dos animais cujo comportamento é determinado pelo condicionamento social. Os carneiros sempre buscam validação, mudam de direção e perdem sua identidade. Por isso estão sempre perdidos e condenados.

Diga a palavra "deite" 10 vezes em voz alta.

Agora diga: o que a vaca bebe?

Você disse "leite"?

Se disse, caiu na armadilha de uma técnica psicológica chamada de efeito *priming*, ou pré-ativação. Preparei você para uma determinada resposta, embora falsa. Outro exemplo: contei uma história em que eu estava perdido num lugar qualquer e não sabia como sair de lá, depois pedi para completar a palavra "pre_o" e é muito mais provável que você diga "preso" do que "prego".

O efeito da pré-ativação também dá pistas para ajudar a memória sem perceber a conexão. Imagine se você pudesse fazer as pessoas pensarem e agirem de uma certa forma, sem saberem. É exatamente isso que empresas de marketing fazem o tempo todo para aumentar as vendas.

Autenticidade é rara hoje em dia e muitas coisas que fazemos são por sugestão de outra pessoa. Não é para criar paranoia, mas somos facilmente reprogramados para satisfazer as necessidades de outro ser humano, ou, na realidade, de uma empresa.

Não deixe que tirem sua individualidade de você só para poder se encaixar entre os demais da sociedade. Abrace a sua singularidade. Acham que você é esquisito? Maravilha! Isso ocorre porque a maioria das pessoas vive dentro de uma caixinha e você não cabe nela. E somos levados a acreditar que se você não combina com o que a sociedade quer, tem alguma coisa errada em você. Quem quer ficar limitado a uma caixa que nem existe? Eu não! A liberdade não tem amarras.

Podemos sempre nos aprimorar e crescer como indivíduos. Podemos sair da nossa zona de conforto e nos desafiar a nós mesmos. Mas a sociedade muitas vezes nos faz sentir que estamos errados só por sermos nós mesmos.

Vão chamá-lo de quieto porque você fica perfeitamente feliz em silêncio.

Vão chamá-lo de fraco porque você evita conflito e drama.

Vão chamá-lo de obcecado porque você se apaixona por tudo que gosta.

Vão chamá-lo de grosso porque você não atende às amenidades sociais.

Vão chamá-lo de arrogante porque você se respeita.

Vão chamá-lo de entediante porque você não é extrovertido.

Vão chamá-lo de equivocado porque você tem crenças diferentes.

Vão chamá-lo de tímido porque você resolveu não interagir em conversa fiada.

*Vão chamá-lo de esquisito porque você prefere
não se enquadrar nas tendências.*

*Vão chamá-lo de falso por se esforçar
para se manter positivo.*

Vão chamá-lo de eremita porque você fica bem sozinho.

*Vão chamá-lo de perdido porque você não
segue o mesmo caminho dos outros.*

Vão chamá-lo de nerd porque você busca conhecimento.

*Vão chamá-lo de feio porque não se
parece com as celebridades.*

Vão chamá-lo de burro porque você não é acadêmico.

*Vão chamá-lo de louco porque você
pensa diferente dos outros.*

*Vão chamá-lo de avarento porque
você dá valor ao dinheiro.*

*Vão chamá-lo de desleal porque você
se distancia de gente negativa.*

Deixe que chamem você do que quiserem. Você não precisa desempenhar o papel que querem. Crie um papel próprio para você no mundo.

Seja bom e perdoe a si mesmo

Perdoe a si mesmo pelas decisões ruins que tomou, pelas vezes que perdeu a fé, pelas vezes que machucou os outros e você mesmo. Perdoe a si mesmo por todos os erros que cometeu. O que mais importa é que esteja disposto a seguir em frente com uma mentalidade melhor.

Com que frequência você se pega desrespeitando a própria inteligência quando comete algum erro? Alguma vez fez perguntas desanimadoras como "por que não consigo fazer isso?", "por que sou tão feio?", ou "por que sempre fracasso?".

Essa voz interior pode ser muito crítica. Esse tipo de pergunta em geral é suposição que força você a aceitar as ideias nas perguntas como verdade. É uma maneira muito eficiente de nos botar para baixo.

Devemos fazer com que a voz seja sempre boa para nós. Na vida você vai encontrar muitas pessoas dispostas a botá-lo para baixo, mas *você* não deve ser uma delas. Você não pode esperar que os outros sejam gentis com você se não for gentil com você mesmo. Precisamos mudar nosso diálogo interior para que ele nos dê apoio. Em vez de dizer que você é burro por ter cometido um erro, diga que você é humano e que vai melhorar na próxima vez.

Suas palavras criam energia — uma ideia que vamos elaborar mais adiante. Elas são extremamente poderosas para apoiá-lo ou para limitar sua experiência de vida. Quando usamos palavras que nos subestimam diminuímos a nossa felicidade.

Você ainda se pune pelos erros que cometeu na infância? A resposta costuma ser não, porque entendemos que éramos jovens e ingênuos, e a maioria de nós aprendeu com aqueles erros. Eles nos fizeram melhores. Essa capacidade de se perdoar deve se aplicar aos seus erros recentes também.

Todo erro que cometemos pode nos ajudar a melhorar como pessoa. Mas para aproveitar a lição que há nos erros primeiro temos de aprender a deixá-los para trás. Aceite o que aconteceu. Respire fundo e deixe para lá. Você é apenas humano e pode prosseguir na vida, independentemente da magnitude do erro. Não se castigue pelo que fez, em vez disso concentre-se no que pode fazer para melhorar.

> *Quando nos punimos não mudamos a situação. O que importa de fato é pelo que batalhamos depois.*

Alguma vez você encontrou alguém que não via há bastante tempo e essa pessoa disse que você tinha crescido muito? E se ela conversasse com outra sobre você antes de se encontrarem novamente, provavelmente falaria da sua versão que ela conheceu, aquela do passado?

A verdade é que "você do passado" devia ser completamente diferente de quem você é agora. Então se alguém o julga pelo seu passado é problema dessa pessoa, não seu. É ela que está vivendo em um lugar que não existe mais. Se ela não entende que as pessoas crescem e amadurecem, deve ter algum crescimento dela mesma por fazer. Não deixe ninguém usar o seu passado como desculpa para julgá-lo. Só estão tentando evitar que você construa um futuro feliz. Lembre que tudo muda, inclusive você, e lembre o que você conquistou e realizou.

É importante que você também deixe o passado para trás. As pessoas podem ter feito coisas com você no passado que considera imperdoáveis. Pode nem lembrar o que elas fizeram, mas se agarra ao sentimento que elas provocaram. Remoer esses sentimentos ruins é prejudicial para você e arrasta sua vibração para baixo.

Quando perdoamos as pessoas não melhoramos o passado, melhoramos nosso presente e nosso futuro. Assim temos mais paz e aumentamos nossa energia positiva interna.

Aqueles que não conseguem perdoar quem os magoou se tornam vítimas deles. Imagine ter uma grande briga com alguém por tê-lo traído. No início você fica atônito e sofre. Você se afasta dessa pessoa e com o tempo acaba esquecendo... até encontrá-la novamente. Nesse momento você repassa as lembranças do que fizeram com você e seu sofrimento volta, porque você não perdoou. Isso prejudica seu estado de espírito e pode levá-lo a tomar decisões destrutivas.

Perdoar não é aceitar o mau comportamento de alguém e nem sempre significa que você precisa receber as pessoas na sua vida de novo. Significa apenas que você não permite mais que elas tenham poder sobre os seus pensamentos e controle sobre seu estado emocional. Dessa forma não podem ditar seu destino.

PARTE CINCO

Manifestar objetivos: Trabalho mental

Introdução

"Tudo que a mente humana é capaz de conceber e acreditar ela pode realizar."

Napoleon Hill

Quando você tenta manifestar seus objetivos, é importante manter a vibração alta. Sentimentos são retribuídos com o mesmo peso, então é crucial que você domine bem tudo que aprendeu nos capítulos anteriores.

Mas sem dúvida suas crenças são fundamentais quando se trata de manifestação. Se você não acredita em alguma coisa, raramente verá isso na vida. Então vamos explorar a importância das suas crenças e ver de que modo elas afetam a sua realidade.

A importância do pensamento positivo

*Pensamento positivo é escolher ideias que
nos dão poder sobre o que nos limita.*

Tenho certeza de que a mente positiva produz uma vida positiva. Vamos analisar essa afirmação de um ponto de vista puramente lógico, sem qualquer correlação mística. Se você considera alguma coisa negativa, como pode ser positiva ao mesmo tempo? Então como alguém pode avaliar positivamente a vida se partir de uma noção de percepção negativa?

A mente positiva é maior do que a negativa. Pensamento positivo é escolher pensamentos e atos que nos dão apoio em vez de nos bloquear, e isso nos leva ao melhor resultado em qualquer situação.

Por exemplo, um batedor de críquete precisa dar seis corridas para vencer um jogo. Se está temeroso e acha que não consegue bater seis para ganhar o jogo, provavelmente não vai tentar, daí não pode conseguir. Mas se ele escolhe o pensamento positivo "eu consigo bater seis", vai tentar e terá uma chance de conseguir. De qualquer modo, o batedor pode ser eliminado, mas a atitude mental é diferente. A ideia que dá o poder cria uma possibilidade, enquanto o pensamento negativo acaba com as chances.

A importância do pensamento positivo

Um pensamento negativo como "você não é capaz de fazer isso" vai desencorajá-lo a dar os passos necessários para conquistar um objetivo. Obviamente terá menos probabilidade de atingir esse objetivo.

O pensamento positivo "você pode" vai permitir que você tente, tendo assim mais chance de conseguir o que quer.

Um pensamento restringe, o outro aproxima do que você deseja.

Acreditar que alguma coisa é impossível significa que você está concentrado demais nas barreiras para o sucesso. Lembro-me de uma criança dizendo que não podia jogar o melhor futebol e por isso queria desistir do seu sonho. Não tinha motivo para acreditar porque olhava para sua vida e achava a tarefa irreal. Parecia impossível de onde ele estava.

Seu amigo tinha o mesmo nível de habilidade no esporte, mas uma atitude completamente diferente. Perguntei pro jovem mais otimista por que ele acreditava que podia chegar ao topo e ele falou de outros jogadores e suas histórias de sucesso. Ele achava a tarefa realista porque se concentrava em possibilidade e não em impossibilidade.

Faço isso o tempo todo para me dar esperança e mudar meu ponto de vista. Quando não tinha casa, muitas das coisas que consegui pareciam irreais. Mas me inspirei em pessoas que tiveram um começo difícil na vida e conseguiram realizar coisas incríveis. Disse para mim mesmo, se eles podem, por que eu não posso? Acabei mudando o foco para o que podia ser feito em vez do que não podia. Toda grande realização no mundo nasceu da ideia de que era possível.

Todos os nossos pensamentos podem nos ajudar a seguir em frente ou a nos impedir. Pensamento positivo é dar preferência ao que nos faz seguir em frente. E nunca é tarde demais para mudar seus pensamentos e reformar suas crenças para apoiá-lo e não o bloquear.

Não podemos seguir em frente com pensamentos que nos bloqueiam.

Sua mentalidade é a sua realidade

*"Se você pensa que pode ou pensa que
não pode, você está certo."*

Henry Ford

Há mais de 200 anos o filósofo Immanuel Kant observou que todas as nossas experiências, incluindo todas as cores, sensações e objetos que percebemos são apenas representações da nossa mente. A realidade só se baseia na percepção individual.

Pense nisso: se você pedisse para 100 pessoas descreverem uma rocha de cinco maneiras diferentes, alguém que ouvisse as descrições poderia achar que são 500 pedras diferentes. Mas claro que é a mesma pedra vista de 500 formas diferentes.

Nossa percepção do mundo tem raiz nas nossas crenças. Essas crenças são nossas verdades individuais que constroem nossas realidades subjetivas. Todos os seres humanos basicamente não passam de sistemas de crenças. Uma crença é a sensação de certeza sobre alguma coisa específica, é um conhecimento passivo. Vivemos nossas vidas com base nas crenças que adquirimos através das nossas experiências e acumulação de conhecimento. Por isso, todos vemos o mundo de jeitos diferentes.

MANIFESTAR OBJETIVOS: TRABALHO MENTAL

É útil para seu crescimento pessoal se abrir para as crenças dos outros e estar disposto a mudar as suas se estiver convencido de que um olhar alternativo dá uma visão mais acertada e potente. Mas não devemos mudá-las por causa dos outros. Devemos questionar nossas crenças e perguntar se elas ajudam a viver a vida que realmente amamos. Devemos investigar quantas crenças que adotamos são nossas e quantas foram passadas para nós.

Sua mentalidade forma a sua realidade. Por isso, na próxima vez que alguém disser que você não está sendo realista em relação ao seu objetivo, que você deve voltar à realidade, entenda que só estão falando da realidade deles, não da sua.

Acreditar em alguma coisa é a chave para vê-la. Se você não acredita, não é verdadeira, não pode ser a sua realidade.

Já sabemos que, pela Lei da Vibração, quando acreditamos em coisas negativas, vivenciamos coisas negativas. As experiências negativas continuam a reforçar as crenças iniciais e fazem com que você acredite mais ainda nelas. E uma verdade triste pode se tornar mais verdadeira a menos que você resolva mudar suas crenças.

Compreensão do subconsciente

O subconsciente é responsável pelas nossas crenças. Tudo que percebemos resulta do que aceitamos como verdade no nosso subconsciente.

A mente consciente pensa, o subconsciente absorve. Nossa mente consciente é nosso jardim e nosso subconsciente é como um solo profundo e fértil. As sementes de sucessos e fracassos podem ser plantadas nesse solo sem qualquer discriminação. Nossa mente consciente desempenha o papel de jardineiro, escolhendo as sementes que serão plantadas.

Mas a maioria de nós permite que sementes boas e más caiam nesse solo. Desse modo as ideias restritivas estão entre elas, criando raízes no nosso subconsciente, já que são sempre lançadas ali. Como o subconsciente não avalia essas ideias elas vão lentamente reformando nossas crenças. Assim, indivíduos medrosos, invejosos e sedentos de poder vão sempre jogar sementes ruins na sua mente e elas vão limitar seu potencial na vida. Você precisa Acordar e Ser Realista.

O hábito arraigado de pensar com base nas impressões indesejadas do subconsciente vai afastá-lo dos seus verdadeiros objetivos na vida, mas se você emudecer esse ruído do mundo entenderá que não existe nada que você não possa fazer.

Indo além dos pensamentos

Se você não pode modificar uma situação, mude seu modo de percebê-la. É aí que reside seu poder pessoal. Seja controlado ou... assuma o controle.

Fui criado numa vizinhança racista. Era assim: se queria brincar lá fora, como faziam as crianças naquela época, passava a primeira meia hora brigando com pelo menos duas ou três crianças. E depois de um tempo tinha de brigar com os irmãos mais velhos também.

Quando disseram para eu voltar para o meu país fiquei ofendido. Meu país era esse e eu tinha direito de brincar na rua. Lembro que pensei que ninguém devia ter o direito de me humilhar por causa da cor da minha pele. Essa ideia alimentou tanta fúria em mim que, apesar de não gostar de briga, senti, ironicamente, que brigar era o único jeito de defender a minha liberdade e ter paz. Toda vez que alguém era racista comigo, minha reação automática era violência. Minha violência nascia da raiva, que era uma defesa contra o sofrimento. Mas eu não era uma pessoa violenta. Às vezes machucava os garotos, e logo me sentia culpado e perguntava se eles estavam bem.

Mas a ideia de que a violência cria paz é um equívoco que costumamos ver nas notícias hoje. Quando eu vencia uma briga, só encorajava mais gente a se envolver. Logo parei de brincar lá fora porque aquele drama não valia a pena.

Nosso cérebro é inteligente. Ele quer tornar a vida mais fácil para nós e raciocinar o mínimo possível. (Isso pode parecer um pouco estranho, especialmente se você é alguém que não para de pensar.) O cérebro é otimizado para tomar decisões subconscientes baseadas em emoções prévias ligadas a experiências. Esse comportamento de piloto automático criado por repetições faz com que possamos viver nossos dias sem ter de reaprender processos, como dirigir automóvel, e sem ter de pensar em todas as minúcias da vida.

No entanto, como nosso subconsciente não tem total consciência pode nos prender em comportamentos doentios contra a nossa vontade. O fato de me sentir mal toda vez que reagia com violência ao abuso que me submetiam me fez compreender que *eu* não era minhas reações. Estava condicionado a reagir daquele jeito por minhas experiências anteriores e nem questionava minha reação porque não me conscientizava disso.

Você não é seus pensamentos. Você é a testemunha de cada um deles.

Por esse princípio eu nunca pensei de fato "estou com raiva". Eu apenas me inteirei dessa ideia e emoção. Se cultivamos essa consciência podemos aprender a tomar decisões melhores em relação ao que vamos fazer.

O modo como percebemos um acontecimento determina de que maneira vamos vivenciá-lo. Os acontecimentos são neutros, mas nós os rotulamos. Quando acontece alguma coisa ruim, faça uma pausa e então observe seus pensamentos. Isso faz com que a mente inconsciente se torne consciente. Substitui os pensamentos pela consciência. Só quando você observa seus pensamentos você pode escolher como vai reagir. Meditação é uma ferramenta poderosa para afiar essa habilidade.

MANIFESTAR OBJETIVOS: TRABALHO MENTAL

Olhe para qualquer pensamento de fracasso como não sendo você e deixe que ele desapareça. Ou escolha um pensamento que te dê força. Por exemplo, se acabou de perder seu emprego, você pode se concentrar na ideia que diz que vai ficar desempregado e sem dinheiro e isso fará com que perca a esperança e reduza suas vibrações. Ou então você pode se concentrar na oportunidade de encontrar um novo emprego que pague mais. O segundo pensamento fará com que se sinta melhor e elevará suas vibrações.

Essa é a prática de viver conscientemente. Desaprender e recondicionar a mente para ter mais liberdade de ser quem você realmente é. O processo não é rápido, mas com dedicação permite que você saia de um ciclo de pensamentos negativos e encontre uma nova maneira de pensamento positivo.

Resumindo: em vez de tentar controlar os acontecimentos externos a você, concentre-se em controlar a sua mente na hora de reagir a eles. Isso devolve seu poder pessoal e é a chave para uma vida feliz.

Seu objetivo não é se livrar de pensamentos negativos. É mudar sua reação a eles.

Basta um pensamento

*Você está sempre a um pensamento positivo
de um resultado mais benéfico.*

A teoria do caos é uma área de estudo na matemática, com aplicações em várias disciplinas, inclusive física, biologia, economia e filosofia. Sugere que uma diferença mesmo que minúscula nos parâmetros iniciais pode levar a resultados complexos e imprevisíveis. Isso costuma ser chamado de efeito borboleta. O bater das asas de uma borboleta na Amazônia seria capaz de provocar mudanças atmosféricas minúsculas que com o tempo poderiam afetar os padrões do clima em Nova York.

Por exemplo, imagine que disparamos repetidamente um canhão de posição e ângulo específicos, com as mesmas condições todas as vezes. Usando matemática e física podemos calcular onde a bala do canhão vai aterrissar todas as vezes. É previsível. Mas se você mudar qualquer coisa, mesmo que seja pouco, como posição, ângulo ou resistência do ar, a bala vai aterrissar em um lugar diferente.

Do mesmo modo, se modificamos só um pensamento, que passa a ser mais positivo e realmente acreditamos nele, mudamos toda a nossa percepção do mundo. Essa nova percepção tem o poder de mudar resultados.

Não podemos contar com nosso ambiente para criar novos resultados. Em geral, não temos esse controle. Mas, no que diz respeito ao canhão na sua vida, você pode facilmente disparar a bola com um ângulo diferente ou de uma altura diferente, para que caia mais longe, ou em outro lugar, simplesmente mudando seus pensamentos. Isso você pode controlar.

Modificando suas crenças

Seria bom mudar suas crenças da noite para o dia, mas isso é difícil demais. Como já estabelecemos, nossas crenças estão profundamente enterradas no nosso subconsciente. Quando aceitamos ideias sem questioná-las ficamos com elas por boa parte da vida. Algumas delas têm sentido para nós, mas não nos dão força. Limitam nosso potencial na vida.

O primeiro passo é identificar quais crenças profundas queremos mudar. Por exemplo, uma das minhas crenças mais fortes era "não posso mudar meu futuro, por isso nunca conseguirei fazer grandes coisas".

Essa crença não me beneficiava em nada, mas se tentasse mudá-la de pronto ia sentir que estava mentindo para mim mesmo. Afinal, essa crença era a minha verdade. Mas por que eu achava que era verdade?

Ao confrontar minhas crenças restritivas, descobri que acreditava nisso pelo que alguém que eu admirava tinha dito para mim. Disseram que cada um recebe um tipo de vida e que não temos controle nenhum sobre ela. Parecia que algumas pessoas tinham simplesmente nascido com sorte e outras não, e que temos de aceitar isso. Não devíamos perder tempo tentando criar algo diferente. Isso foi explicado de forma muito mais sutil do que descrevi aqui. Mas além dessa crença ter sido plantada na minha mente desde cedo, era também reiterada por todos à minha volta. Por isso acreditei que não tinha poder para mudar o curso da minha vida.

À medida que fui crescendo e as coisas foram piorando, as minhas crenças me entristeciam. Sentia que não tinha alternativa e que devia viver assim porque era o meu destino. Mas eu não queria acreditar nisso, eu queria encontrar uma saída.

Comecei a questionar a validade das crenças que tinha. Também me tornei cético quanto à credibilidade da fonte dessas crenças. Claro que vinham de alguém respeitado e todos em volta de mim confirmavam isso, mas nenhum deles era o tipo de pessoa que eu aspirava ser.

Na adolescência eu queria ser rico e famoso, por isso resolvi estudar as pessoas que eram ricas e famosas e ver se suas crenças eram diferentes das minhas. Para esses indivíduos não havia limites. E pareceu que eram pessoas positivas também. Falavam de caridade, respeito aos outros, ser saudável.

Quando comecei a examinar pessoas que tinham conquistado as maiores realizações do planeta, o tema pareceu o mesmo. Também estudei alguns dos líderes espirituais mais admirados. Encontrei muitos que afirmavam que nossas crenças geram a vida que vivemos.

Entendi que o que tinham me ensinado não era necessariamente falso. Era verdade para a pessoa que me disse e para outros à minha volta. Na vida dessas pessoas havia um tema comum: luta. Elas não tinham motivo para pensar diferente. A vida não as tinha tratado bem, por isso tudo que conheciam eram as dificuldades cotidianas.

Fuja das suas limitações mentais. Não passe a vida toda prisioneiro de um sistema de crenças que limita seu potencial e impede seus sonhos de se tornarem reais.

Nosso cérebro racional procura sentido na vida que nos cerca. Se alguém oferece uma teoria que soa bem, aceitamos como a nossa verdade. Quando me disseram que a vida seria difícil, foi muito mais fácil acreditar do que questionar. Assumi como verdade porque combinava com minhas experiências de vida até ali.

Nossas crenças são como uma lente que usamos para ver a vida. Vemos o que nos convencemos de que é verdade.

Compreendi isso e soube que se pudesse mudar minhas crenças mudaria minha vida. Queria saber se havia gente no mundo nascida em circunstâncias iguais às minhas que mesmo assim tinha conseguido realizar grandes feitos.

Eram muitos casos de gente assim e, além disso, muitos tinham nascido em condições piores do que as minhas. Ler sobre o sucesso dessas pessoas desmentiu tudo em que me condicionaram a acreditar. Elas me ajudaram a montar um processo concreto contra a minha mente racional, usando provas. Quanto mais histórias eu lia, mais decidido ficava.

Agora eu podia aceitar uma nova crença: posso mudar o meu futuro e conquistar grandes coisas.

O ponto chave aqui é que se você quer mudar sua crença, precisa invalidar sua crença atual encontrando provas suficientes que apoiem a crença que você quer. Há sempre histórias de sucesso por aí que vão ajudá-lo nesse processo.

Repetindo afirmações

*O que você verbaliza acaba se materializando.
Você tem o poder de trazer à realidade
aspectos da sua vida através da fala.*

Não subestime o poder das afirmações. Elas são frases positivas que descrevem o que você deseja realizar. O simples fato de repetir uma ideia com muita convicção gera a crença no fundo do seu subconsciente de que essa afirmação é verdade.

É visível na sociedade. Nos dão algumas ideias sobre o mundo e elas são repetidas sem parar. Por exemplo, a mãe dizer o tempo todo para o filho que ele é tímido vai reforçar essa ideia na cabeça dele. O filho pode não se sentir tímido. Mas através da repetição dessa ideia o menino pode começar a acreditar nisso. Consequentemente, ele pode acabar ficando tímido, as palavras da mãe viram uma profecia realizada.

Mais uma vez isso me leva a enfatizar a importância de se cercar de pessoas que oferecem pensamentos que empoderam. Não quero dizer que você só deve ter amigos que dizem coisas boas sobre você. Mas deve escolher gente que apoia e não quem é destrutivo.

MANIFESTAR OBJETIVOS: TRABALHO MENTAL

Se estão sempre dizendo que você não pode fazer alguma coisa, você acaba acreditando.

Repetir afirmações é um processo consciente. É o ato de enviar instruções para o seu subconsciente. Quando essas ideias são plantadas, o seu subconsciente fará tudo que puder para que essas ideias frutifiquem. É como escrever instruções num programa de computador para que ele desenvolva um processo para você. Quando as linhas de códigos estão escritas, o programa pode funcionar automaticamente para prover o resultado desejado.

Por experiência própria, recitar afirmações que eu simplesmente não posso me iludir a acreditar não funciona. Voltando ao meu exemplo da mudança de crenças, não bastava que eu dissesse para mim mesmo que podia mudar meu futuro e fazer grandes coisas. Precisei encontrar *provas* para desafiar racionalmente minhas antigas crenças.

A mesma coisa deve ser feita antes de afirmar ideias, para que essas afirmações não sejam rejeitadas. Essa é uma maneira muito mais eficiente de usar afirmações. Acrescentar substância às afirmações antes de repeti-las dá mais poder a elas.

Manter a vibração alta é importante a vida inteira e acho que se você disser sua afirmação num período em que estiver se sentindo bem ela terá mais força; embora repetir as afirmações pode elevar sua vibração qualquer que seja seu estado de espírito. Falar uma coisa em voz alta com convicção pode mudar completamente seu estado.

As afirmações devem ser com suas próprias palavras. Fale com a sua voz, como se contasse alguma coisa para os amigos. Só repita afirmações positivas. Não recite o que não quer. As coisas contra as quais resistimos muitas vezes persistem, porque a energia que lançamos tentando evitá-la também é devolvida para nós. Assim, por exemplo, você pode dizer "tenho muita confiança em tudo que faço", em vez de "não estou mais nervoso". E afirmações devem ser ditas no tempo presente.

Quando você age como se o objetivo já fosse verdade, seu subconsciente acredita que é e age de acordo.

Você é que resolve o tempo que vai usar com suas afirmações. Qualquer coisa entre dois e cinco minutos por dia é razoável. Mas o investimento emocional é mais importante do que a duração, por isso fale com convicção.

O poder das palavras

As palavras podem machucar, ajudar ou curar.
Existe poder em tudo que você escreve e diz. Sua
mensagem é significativa. Seja sábio com ela.

Nos anos 1990, o dr. Masaru Emoto fez experiências inéditas com o impacto da energia emocional na água.[11] Em um estudo ele escreveu palavras positivas e negativas em containers cheios de água. Depois congelou amostras da água de cada container.

Entre as expressões negativas havia "seu idiota" e entre as positivas "amor". O dr. Emoto achava que se nossas palavras são energia e a água absorve energia, então certamente as palavras afetariam a água de alguma maneira.

E ele estava absolutamente certo. A água que foi exposta a palavras positivas formou belos cristais de gelo, com as palavras "amor" e "gratidão" formando os mais deslumbrantes padrões. Em contraste, a água exposta às palavras negativas congelou em padrões feios e distorcidos. Ele encontrou o mesmo resultado comunicando palavras verbalmente

---

[11] Emoto, M., *The Hidden Messages in Water* (Simon and Schuster, 2005).

para diferentes containers com água. Estava claro que nossas palavras carregam uma vibração.

Como mencionei na Parte II do livro, nossos corpos são principalmente compostos por água. Agora imaginem até que ponto nossas palavras nos afetam.

Determine suas intenções

Se você não tem certeza do que quer, vai acabar com muitas coisas das quais não tem certeza.

Antes de ir em busca dos seus objetivos você precisa saber o que quer. Não pode conquistar uma coisa da qual não tem certeza. Você não diria em um restaurante, "acho que quero o curry de legumes", quando fizesse seu pedido. Você quer ou não quer.

Se estiver confuso quanto à sua intenção, os resultados a partir daí vão refletir isso. Por exemplo, se o garçom pergunta quão apimentado você quer seu curry de legumes e você diz que não tem certeza, vai receber qualquer quantidade de pimenta. Se com isso você achar que está com pimenta demais será sua culpa, por não ter dado instruções precisas.

Determinar corretamente o objetivo é tudo. Precisa refletir o que você deseja muito. Não o que acha que *devia* querer. Por muitos anos as coisas que eu acreditava que queria eram só para impressionar as outras pessoas. Às vezes conseguia essas coisas e ficava surpreso, porque não me satisfaziam.

Os seus objetivos devem refletir quem você é como pessoa. Devem ser as coisas em que pensa o tempo todo, que você sabe que vão aprimorar

Determine suas intenções

a qualidade da sua vida. Tudo bem ter desejos materialistas. Só aqueles que transcenderam completamente seus egos não têm. Mas os seus objetivos devem significar muito para você. Por exemplo, alguém pode querer uma casa maior para criar muitos filhos nela e onde possam ter um bom tempo juntos. Esse objetivo é mais significativo do que querer uma casa grande só para provar que é rico.

Quando sua intenção fica clara, o Universo trabalha milagrosamente. A partir do momento em que pomos para fora o que queremos, o processo de manifestação começa e as coisas vão se desdobrando em nosso favor. Nossos sonhos ganham vida.

J. Cole é um renomado rapper estadunidense, escritor e produtor, que antes trabalhou em propaganda e cobrança de dívidas. Numa entrevista em 2011, Cole afirmou que depois de assistir ao filme do rapper 50 Cent *Fique rico ou morra tentando*, sentiu-se inspirado e fez uma camiseta que tinha a frase "Produza para Jay-Z ou morra tentando". Na entrevista, Cole disse que achou que podia seguir um caminho diferente para ser um rapper, que primeiro tinha de ser reconhecido como produtor. Ele queria criar uma avenida para seu objetivo principal e por isso fez a camiseta.[12]

Depois de usar a camiseta com esperança de que alguém da indústria da música ou o próprio Jay-Z o reconhecesse, passaram alguns anos e algo incrível aconteceu. Com seu objetivo determinado e seu grande trabalho compartilhado com ética e autoconfiança, Cole foi procurado por Jay-Z e depois assinou contrato com a gravadora dele, Roc Nation. Cole cantou rap com Jay-Z em várias faixas e foi produtor delas.

---

12 "J. Cole Interview" (Fuse On Demand, YouTube, janeiro de 2011).

Escreva seus objetivos

Você é o escritor do seu futuro.
Escreva sobre o que deseja e viva a sua história.

Li uma vez que quando escrevemos nossos objetivos eles têm mais chances de virar realidade. Fiquei intrigado e resolvi investigar. Comecei a desvendar todas as estatísticas maravilhosas de estudos e histórias admiráveis de pessoas que escreveram seus objetivos no papel e que anos depois foram realizados.

Um exemplo famoso é do jogador de futebol americano profissional Colin Kaepernick. Quando estava na quarta série, Kaepernick escreveu uma carta para ele mesmo em que previa com precisão que se tornaria jogador profissional, em qual time jogaria e até sua altura e peso.[13] Colin não é médium, ele apenas sabia o que queria e foi específico em sua visão do futuro. Suas ideias acabaram se manifestando na realidade.

Quando você escreve seus objetivos, transforma suas intenções em algo tangível. Defina com detalhes e isso vai ajudar a manter o foco, para você não sair da trajetória.

---

13 Sessler, M., "Kaepernick foretold future in fourth-grade letter" (NFL.com, 17 de dezembro de 2012).

Eu tive muita sorte quando escrevi meus objetivos. No passado, tinha escrito detalhes bem específicos do que queria e tudo se manifestou exatamente como escrevi. Escrevo meus objetivos de um jeito bem específico. Vou partilhar esses detalhes para você poder usá-los também.

Escreva seus objetivos à caneta ou a lápis

O ato de escrever seus objetivos no papel e não na tela cria o que gosto de pensar ser uma impressão mágica na sua mente. Ao reler esses objetivos escritos com a sua letra, essa impressão na mente se aprofunda e dá mais força aos seus objetivos.

Seja sincero

Escreva exatamente o que deseja. Não se restrinja nem escreva de uma forma que ache "correta". Se você tem grandes objetivos, tudo bem. Pensar grande significa que você está aberto para receber grande.

Escreva no tempo presente

Como fazemos com as afirmações, escreva seus objetivos no tempo presente, como se já tivesse realizado, desse modo: "eu sou um grande matemático" (se é isso que quer se tornar). Seu subconsciente escolherá o caminho com menor resistência para manifestar seus objetivos.

Seja positivo

Lembre-se de sempre escrever seus objetivos num registro positivo: concentre-se no que quer, não no que não quer.

Escreva como você falaria

Escreva as palavras exatas que diria. Não precisa usar linguagem rebuscada. Esses objetivos têm de ser compreendidos por você, mais ninguém. Escreva de uma maneira que você se conecte com facilidade, e não de uma forma que depois você tenha de traduzir mentalmente.

Seja específico

Escreva todos os detalhes que puder. Quanto mais claro o objetivo, mais claro será o resultado. Lembre que o subconsciente está trabalhando a partir de um conjunto de instruções e que o resultado terá a qualidade das instruções que recebe.

Se possível, escreva seus objetivos sem um prazo em mente. Do contrário, se o objetivo não se manifestar quando você espera, isso pode desanimá-lo e deixá-lo em dúvida, sua vibração diminuirá e empurrará seu objetivo para mais longe. Mas se você for motivado por pressão, um prazo pode ajudá-lo a entrar em ação. A escolha é sua: se um prazo pode ajudar, determine um. Se não, não escreva.

Estabeleça objetivos nos quais você confie. A melhor maneira de nutrir confiança é começar com objetivos menores. Quando manifestá-los, você terá mais segurança para conquistar objetivos maiores.

Depois de identificar e escrever seus objetivos, leia em voz alta todos os dias. Se tiver de fazer pequenos ajustes neles, faça. Mas modificá-los drasticamente e com frequência é quase como plantar uma nova semente cada vez, tenha isso em mente. Você tem de saber o que quer.

Imagine para vivenciar

O que se torna real na sua mente vai se tornar real na sua vida.

Visualização é o processo de criar uma experiência ou intenção na sua mente, antes de tê-la na sua vida.

O superastro global Arnold Schwarzenegger fez diversas referências à visualização dos objetivos dele antes de conquistá-los de fato. Michael Jordan, o lendário jogador de basquete, afirma que visualizou o tipo de jogador que queria ser antes de ter sucesso. De fato, os melhores atletas costumam usar visualização. Um dos melhores jogadores de tênis de todos os tempos no planeta, Roger Federer, diz que usa visualização em seus treinos. Esses esportistas estão treinando e jogando à perfeição – em suas mentes.

Os psicólogos Alan Budney, Shane Murphy e Robert Woolfolk sugeriram em seu livro de 1994 que condicionar o cérebro à prática da visualização é mais eficaz do que não fazê-lo.[14] Os padrões do cérebro que são ativados

---

14 Budney, A., Murphy, S. e Woolfolk, R., "Imagery and motor performance: what do we really know?", Sheik, A., Korn, E., (Eds), *Imagery in Sports and Physical Performance* (Baywood, 1994).

quando você imagina uma ação são bem similares aos que são ativados quando você executa fisicamente os movimentos, por isso visualização pode realmente treinar seu cérebro para o acontecimento.

Quando visualizamos o que desejamos, além de obter um alinhamento de vibração na mesma frequência do alvo da nossa visualização, nós também influenciamos nosso subconsciente da mesma forma que fazemos com afirmações.

O cérebro e o sistema nervoso não sabem a diferença entre o que é imaginado e o que é real.

Nós podemos tirar vantagem disso. Se o nosso cérebro acredita que as ideias que mandamos para ele são verdadeiras, então sua vida começará a refletir isso também. Se você se imagina mais seguro e confiante do que está atualmente e o cérebro acha que é verdade, você ficará mais seguro!

Use os seus sentidos

Quando falamos de visualização como um processo, não nos referimos a criar imagens mentais estáticas. Você tem de criar cenas, não fotos. Nessas cenas você deve envolver todos os sentidos, paladar, visão, tato, olfato e audição.

Use o máximo de detalhes que puder. Por exemplo, se você quer um carro novo, não tenha apenas uma imagem do carro. Ponha-se dentro dele, dirigindo. Pense em como se sente enquanto dirige por aí: o barulho do motor, a visão de outros carros nas ruas, a temperatura do ar em volta de você e assim por diante. Viva a experiência como se fosse real naquele exato momento. Seja criativo com as suas cenas. Dê vida a elas tornando-as claras, coloridas, barulhentas e grandes. Tudo que você precisa é fechar os olhos e começar a criar.

É importante criar uma cena em que você se sinta bem. Sua imaginação deve produzir emoções positivas e isso requer muita concentração, portanto faça num lugar tranquilo onde possa relaxar e se distanciar de quaisquer distrações.

MANIFESTAR OBJETIVOS: TRABALHO MENTAL

Ao usar essa técnica, tenho a confirmação de que estou sendo eficiente quando começo a sentir algo semelhante a um formigamento de prazer. Isto é, começo a sentir como se estivesse realmente acontecendo e fico muito animado.

Se você achar difícil criar visuais na sua cabeça, há coisas que podem ajudar. Os quadros de visão são muito populares. Junte imagens e recortes que descrevem o que você quer manifestar e prenda num quadro. Isso ajuda a esclarecer seus objetivos e você pode expor o quadro num lugar bem à vista na casa para mantê-lo concentrado nas suas intenções.

Eu gosto de ter um quadro de visão e de praticar visualização. Não mantenho um quadro físico, mas junto imagens em um site pessoal e procuro passar alguns minutos olhando para ele todos os dias. Isso funciona bem para mim. Eu até manifestei meu pedido de casamento dos sonhos para minha companheira reunindo imagens de como eu queria que fosse no Pinterest, uma plataforma popular de quadro de visão.

Quando era adolescente, eu costumava produzir música como passatempo. Era grande fã de um grupo chamado So Solid Crew, um dos mais badalados na época. Imprimi o logotipo deles no meu estojo da escola. Nas aulas, eu sonhava em trabalhar com eles.

Um ou dois anos depois um membro do So Solid Crew, conhecido como Swiss, lançou um álbum chamado *Pain 'n' Musiq*. Eu me apaixonei por esse álbum, ouvia dia e noite. Entrava em um transe e me visualizava trabalhando com Swiss e criando músicas maravilhosas juntos.

E por incrível que pareça, não muito tempo depois tive a chance de trabalhar com Swiss através de um artista musical e meu mentor chamado Clive, que era amigo dele. Nós três acabamos colaborando em algumas músicas antes de trabalharmos só Swiss e eu juntos.

O Universo apoia você

Não se preocupe como vai acontecer, senão começará a criar limitações. Tenha apenas certeza do que quer e o Universo inteiro vai se reprogramar para você. Seja qual for o caminho em que você estiver agora, ele vai apoiá-lo. Vai dar sinais para levá-lo para onde você quer estar.

O poeta do século XIII Rumi escreveu: "O Universo não está fora de você. Olhe para dentro de você mesmo. Tudo que você quer, você já é." Rumi também poderia concordar que o único motivo do Universo não estar disponível para você seria pelo fato de você não estar sintonizado com ele. O Universo já existe dentro de você, mas não é perceptível se você não estiver vibrando intensamente. Mas você pode trazê-lo à tona com suas palavras, atos, emoções e crenças.

O Universo nos ajuda a criar, ou melhor, a trazer possibilidades para a nossa realidade. Ele nos dá sinais para seguir e envia ideias para agir. Cabe a nós responder.

Você pode decidir que o seu objetivo é trabalhar por conta própria em algo que goste. Então um dia você pensa numa ideia específica, como vender suas receitas culinárias on-line. Se não achar grande coisa provavelmente não vai fazer, é possível que ignore como um pensamento à toa.

Nas semanas seguintes você começa a ver blogs de receitas. Isso parece coincidência, então você continua a ignorar os sinais e investe seus esforços em outra coisa. Mas ignorando os sinais você pode perder tudo que deseja. Às vezes ignoramos os sinais porque achamos que devemos conquistar nossos objetivos de alguma forma específica.

Tudo o que eu realmente queria fazer era usar minhas habilidades criativas para mudar o mundo de forma positiva. E, é claro, viver com conforto. Costumava pensar que o único caminho para isso era trabalhar com vestuário. Quando deixei de lado essa ideia de como ia acontecer me vi experimentando outras ideias. Pensamentos que pareciam casuais me trouxeram para onde estou agora. Confio no lugar para onde vão me levar, sabendo que me guiarão para mais perto de onde quero estar.

Hoje em dia, quando termos como Lei da Atração são falados por aí, as pessoas acham que seus sonhos vão se manifestar sem qualquer esforço da nossa parte. Mas devemos agir segundo as ideias e os pensamentos que nascem na nossa cabeça, a inspiração que o Universo envia para nós. São cutucadas do Universo dizendo "vá por aqui!", "experimente isso!".

Intenção sem ação é só um desejo. Um objetivo só ganha vida quando você resolve persegui-lo. O Universo está sempre apoiando você, mas é preciso estar disposto a fazer a sua parte no processo da manifestação.

PARTE SEIS

Manifestar objetivos: Agir

Introdução

Não se trata de onde você está. É sobre o que está fazendo a respeito de onde está.

Eu acredito em agir e em impulsos na direção do nosso objetivo. Isso não deve ser confundido com dar grandes passos. Podemos ir em frente com passos pequenos. Mas é sempre uma boa ideia investir tudo o que temos.

Por exemplo, se minha intenção é ser o maior artista da música no mundo, não preciso tentar lotar um show logo no início. Posso começar criando uma música. Esse é um pequeno passo na direção certa.

Ao mesmo tempo, eu poderia me empenhar totalmente na composição da música. Criar a melhor letra e cantar da melhor forma possível. Para isso talvez tivesse de investir mais tempo nela, ou aprender coisas novas, mas tudo isso é investimento no meu futuro, nos meus sonhos.

Muitos de nós temos uma série de desculpas preparadas para explicar por que alguma coisa não pode ser feita. Costumamos ouvir as pessoas enumerando suas dúvidas, ou explicando que não têm tempo, capacidade, recursos, dinheiro etc. Mas quando queremos mesmo conquistar um objetivo, fazemos sacrifícios em outras áreas para torná-lo possível.

Eu descobri que não é preciso ter muito tempo livre para realizar um sonho. O mesmo se aplica ao dinheiro e a outros recursos. Você realmente precisa de uma visão, de acreditar nela e se dedicar seriamente. Vai encontrar um caminho se estiver empenhado e agindo.

Podemos não querer sacrificar nossos luxos ou aguentar trabalho duro para chegar ao resultado desejado. Não queremos sair da nossa zona de conforto. Aceitamos a mediocridade e ao mesmo tempo reclamamos dela. Mas dessa maneira aquele resultado permanece fora de alcance. "Não estou preparado", dizemos. Mas *quando* estaremos preparados? Sir Richard Branson recebeu o diagnóstico de dislexia na escola. Largou os estudos aos 16 anos para criar uma revista. A maioria das pessoas achava que ele não estava "preparado". Mas ele estava decidido.

Ele não sabia nada de aviões, mas criou a Virgin Atlantic mesmo assim. Com uma incrível rede, o Virgin Group de Richard Branson inclui mais de 400 empresas. Ele está tão motivado hoje como quando tinha 16 anos. Ele não tem sorte, sua história revela vários maus negócios. Ele é apenas alguém que acredita na sua visão e age de acordo com ela.

Mudança requer ação

Um dia precisei de dinheiro para pagar uma dívida. Elevei minha vibração e tratei de me sentir bem. Mas não agi. Só fiquei esperando que o dinheiro viesse até mim.

Nesse meio tempo, ganhei um relógio numa competição on-line. Não costumava entrar em competições porque nunca consegui um prêmio antes, mas estava me sentindo otimista, e participei. Fiquei satisfeito de ganhar o relógio, mas não era o que eu precisava naquele momento. Eu precisava de dinheiro.

O tempo foi passando, o dinheiro que eu precisava não aparecia e comecei a desanimar. Tinha certeza de que viria, então por que isso não acontecia? Bem, o fato é que eu não tinha notado a oportunidade que o Universo tinha me dado para agir. Ganhei um prêmio e não considerei que ele poderia me ajudar. Sim, eu podia vendê-lo! Assim que entendi meu erro, eu vendi e consegui o dinheiro para saldar minha dívida.

Às vezes, os passos para atingir seu objetivo aparecem disfarçados de oportunidades para agir. Se você não fizer nada, perderá a recompensa. Esperar que a mudança venha se você mesmo não muda nada é como fazer bolo de chocolate e framboesa sempre do mesmo jeito, todo dia, esperando que se transforme em bolo de chocolate e morango. Se não acrescentar morango ao bolo em vez de framboesa, não vai mudar! Soa um pouco bobo e óbvio, não é? Mas muita gente passa a vida inteira esperando mudanças e fazendo a mesma coisa todos os dias. Alimentam toda essa energia positiva com seus pensamentos, palavras e emoções, mas não agem, e isso também é vibração.

O caminho fácil

Acho que muita gente sabe o que fazer, mas mesmo assim não faz. Contam com justificativas ou soluções mais fáceis porque a verdadeira solução parece difícil. Algumas pessoas preferem usar sua energia para descobrir um modo de se esforçar menos para obter o mesmo resultado. Trabalho inteligente é essencial para produtividade eficiente, mas até encontrar a solução para tornar o trabalho mais inteligente requer muito esforço. Precisamos aceitar a ideia de que algumas coisas precisam ser feitas do modo difícil.

Por exemplo, se você quer perder peso, tem de criar déficit de calorias aumentando a atividade física, aprimorando sua dieta, ou ambos ao mesmo tempo. A maioria das pessoas sabe que precisa fazer essas duas coisas, mas não se compromete. Em vez disso procuram uma droga mágica ou algum outro atalho para resolver seu problema. Desperdiçam tempo, energia e dinheiro demais experimentando diferentes curas milagrosas, e teriam conquistado muito mais se simplesmente resolvessem investir algum esforço.

Outros nessa situação podem não fazer absolutamente nada. Querem perder peso, reclamam disso, mas não agem. Muitos rotulam essas pessoas de preguiçosas. Mas esse tipo de atitude costuma ter duas causas.

Uma é que simplesmente não acreditam que conseguem chegar ao resultado que desejam, por isso são derrotados pela ideia desde o princípio. A segunda é que acham a ideia de se esforçar pelo resultado sofrimento demais. Não querem agir se percebem que o processo para atingir o resultado é difícil demais. A ideia de ir para a academia ou de ter uma alimentação saudável parece muito mais dolorosa do que permanecer como estão. Por isso não fazem nada. Tendem a adotar as opções mais fáceis e confortáveis. Mas nós raramente crescemos dentro da nossa zona de conforto.

Infelizmente, muitos esperam até não ter mais opções antes de se comprometer com mudanças, quando vemos nossa situação causar mais sofrimento do que passar pelo que tem de ser feito para conseguir o que desejamos. Grande sofrimento e pressão podem nos forçar a grandes mudanças. Por esse mesmo motivo pessoas se mantêm em relacionamentos tóxicos até chegar ao ponto de ruptura. Elas podem achar que a ideia de ser solteiro e sozinho é pior do que suportar um parceiro violento.

Se você quer muito alguma coisa, vai agir para alcançar. Mas não espere que o seu limite à dor seja posto à prova. Isso só vai retardar os resultados no processo da manifestação. Comece por se perguntar até que ponto deseja conquistar seus objetivos. O desejo é maior do que o medo do processo para chegar lá?

Saia da sua zona de conforto e enfrente seus medos. O crescimento acontece quando você é desafiado, não quando está confortável.

Consistência leva a resultados

Precisamos ser consistentes na luta pelos nossos objetivos.

Imagine que você quer desenvolver boa musculatura, então você compra um plano de exercícios e de nutrição por três meses de um personal trainer. Você segue 50% das instruções, mas depois de um mês nota que não está tendo os resultados que esperava. Você pode concluir que o plano não funciona. Ou então você pode seguir o plano inteiro, mas observar depois de duas ou três semanas que os resultados não estão aparecendo. Mais uma vez você diz que o plano não funciona. Nos dois casos você simplesmente desiste.

Se você pratica a metade do plano, só pode esperar a metade dos resultados. Se você não é consistente nos seus atos, não pode imaginar que verá os resultados finais que esperava. Eu fiz uma série de exercícios em casa. Era um programa de dois meses e depois de um mês não vi nenhum resultado animador. Apesar disso resolvi ir até o fim. Ainda bem que continuei: perdi quase sete centímetros de cintura no final do segundo mês.

O mesmo se aplica à meditação, às afirmações, às visualizações e a todas as outras práticas positivas. Se você quer colher benefícios, precisa de uma prática concreta e regular. Comprometa-se com a causa. Com consistência podemos criar hábitos que dão forma à nossa vida.

Falta de tempo não é desculpa. Se não consegue arranjar tempo para alguma coisa é porque isso não é prioridade para você. Se algo é importante para você, arrumará tempo.

> *"Nós somos o que fazemos repetidamente.*
> *Excelência então não é um ato, é um hábito."*
> Aristóteles

O lendário jogador de futebol David Beckham era conhecido por suas extraordinárias cobranças de pênalti. Cada vez que se apresentava para bater um, a multidão tinha certeza de que a bola ia parar no fundo da rede.

Beckham não se tornou mestre dos pênaltis da noite para o dia. Ele praticou muito. Não praticava até acertar os chutes, praticava até não errar um. Mesmo quando marcava todos, seguia praticando. O hábito vem da repetição.

Nem tudo vai funcionar ou será o mais apropriado para você. Corrigir seus métodos e se adaptar a mudanças é vital. Se aposta muito em alguma coisa, mas mesmo assim não progride, isso pode ser sinal de que precisa experimentar uma nova abordagem. Use sua intuição como guia. Quando alguma coisa parece errada, em geral é!

Comum ou extraordinário?

A diferença entre comum e extraordinário é simples: pessoas extraordinárias fazem as coisas mesmo quando não têm vontade, porque estão totalmente empenhadas em seus objetivos.

Quando você persegue o objetivo que é sua paixão, já está naturalmente motivado para conseguir. Se não acha agradável o processo, talvez seja melhor reavaliar em que você está investindo seus esforços.

Não quero dizer que não haverá dias ruins mesmo se estiver concentrado no seu objetivo. Se mantiver uma vibração elevada, ou se fizer um esforço para elevá-la, a motivação virá com facilidade, mas a ideia de ter de agir pode reduzir sua vibração se não estiver bem concentrado.

Manter sua motivação nem sempre é fácil, especialmente depois de algum contratempo, ou em um dia feio e triste. A motivação vem e vai. Motivação baixa pode indicar que você precisa de um tempo para recarregar. Ou pode significar que precisa sair em busca de inspiração.

Se não se sentir motivado, continue mesmo assim e disponha-se a fazer as coisas. Não esperava que eu dissesse isso, não é? Pode não parecer muito atraente, mas a experiência me ensinou que esse comportamento, essa determinação, é a diferença entre o comum e o extraordinário. É o compromisso que assumimos. Quando você não quer levantar da cama cedo, ou quando não tem vontade de ir à reunião no outro extremo da cidade... você levanta e vai mesmo assim. Você reconhece que o esforço que investe valerá as recompensas que virão depois.

Embora escrever seja uma paixão para mim, admito que não gostei de algumas tarefas que foram necessárias para criar esse livro. Algumas foram extremamente tediosas, mas agora mesmo, escrevendo essa frase, estou concentrado no resultado.

As coisas são sempre mais fáceis quando estamos com vontade de fazê-las, mas se você quer viver uma vida maior do que a média precisa investir o mesmo esforço quando não está com vontade.

Procrastinação retarda seus sonhos

Procrastinar é um hábito. Se a tarefa que tem pela frente parece tão impossível que você nem sabe por onde começar, vai adiá-la, uma, duas, três vezes. Talvez escolha uma distração por ser mais favorável ou confortável. É importante eliminar esse hábito se quiser manifestar seus objetivos. Trate disso antes que a procrastinação se transforme na assassina dos seus sonhos.

Comportamentos típicos da procrastinação crônica:

- adiar as coisas para outra data ou para o último minuto

- executar tarefas menos urgentes antes das mais urgentes

- distrair-se antes ou durante alguma tarefa

- enfrentar as coisas só quando se torna inevitável

- afirmar que não tem tempo para fazer alguma coisa

- esperar a hora certa ou a disposição para fazer alguma coisa

- não completar as tarefas

Você se identifica? Os procrastinadores evitam tudo que exige ação. Alguns de nós fazem tudo menos o que é preciso fazer para estar em harmonia com nossos objetivos. Por exemplo, quando tem de digitar um ensaio com prazo de entrega, o procrastinador pode navegar na internet e desperdiçar tempo precioso.

Não procrastinamos apenas as tarefas pequenas, nossos maiores objetivos também. O cliente do meu amigo de mentoria Tony, o Malcolm, é um exemplo claro de alguém que procrastinou antes de agir para conquistar seus sonhos. Malcolm tinha medo, não queria sair de sua zona de conforto, e era ultra-analítico. Esses são traços comuns dos procrastinadores crônicos. Essas características levaram-no a desviar do caminho para atingir seus objetivos.

A história de Malcolm começou quando ele foi consultar Tony pela primeira vez para obter ajuda e chegar ao que ele realmente queria: iniciar um negócio próprio. Precisaria se comprometer em tempo integral e para isso teria de largar o emprego.

Malcolm temia o que não entendia, isto é, como teria uma renda viável com sua ideia de negócio. Não tinha autoconfiança. Duvidava do próprio potencial e não queria ficar desconfortável comprometendo seu estilo de vida atual. Ele dizia que não estava sendo realista, por isso não foi atrás da sua paixão.

Depois de Tony botar Malcolm no caminho para começar o negócio dele, Malcolm de repente se convenceu de que não tinha informação suficiente para tocar o empreendimento. Sentia que precisava pesquisar mais e que isso exigia mais tempo. Ele acreditava nisso porque, mais uma vez, temia fracassar.

Claro que pesquisa é crucial para iniciar um negócio bem-sucedido, então as intenções dele eram razoáveis. O problema era que ele já tinha, sim, todas as informações que precisava. Estava usando uma carência imaginária de mais pesquisa como desculpa para retardar a ação. Malcolm queria muito começar seu empreendimento e acreditava que seria de valor para o mundo, mas infelizmente não tinha segurança para dar o salto e iniciar.

Depois de passar meses pesquisando cada detalhe dos seus planos, Malcolm concluiu que sua ideia era inútil. E desistiu de vez. Conseguiu se convencer a abandonar o projeto. Isso foi um choque para Tony, porque ele via que a ideia de Malcolm tinha grande potencial e que ele estava empenhado nela.

Mas esse não foi o fim da história. O tempo passou e Malcolm foi demitido. Em vez de procurar outro emprego, Malcolm resolveu investir o dinheiro da rescisão na ideia de negócio que tanto tinha pesquisado. Dessa vez não teve escolha, tinha de fazer funcionar, precisava de renda para viver.

Com um pequeno capital inicial e nenhuma opção Malcolm finalmente começou a agir. O negócio dele acabou tendo sucesso. Se não tivesse sido dispensado do emprego nos cortes da empresa e recebido o dinheiro da rescisão, talvez nunca tivesse começado sua empresa. Agora Malcolm sabe que ficou imobilizado por medo e gostaria de ter iniciado seu negócio antes.

> *Você não precisa ter tudo esmiuçado. Quanto mais achar que precisa, mais vai procrastinar e ter medo de seguir em frente. Tenha coragem e comece agora, mesmo que seja pequeno. Apenas faça!*

Quando perceber que está procrastinando é importante criar uma estratégia para superar isso. É fácil quando se trata de pequenos objetivos, como completar um artigo, mas é um desafio maior com objetivos maiores, como criar um negócio bem-sucedido on-line.

Então parcele seus objetivos. Os grandes objetivos podem ser avassaladores e é difícil imaginar como você vai chegar à reta final. É mais eficiente estabelecer objetivos menores e priorizá-los pela ordem de urgência.

Se os objetivos ainda parecerem grandes depois de torná-los menores, divida mais.

Se você puder atender aos objetivos menores ficará mais confiante em relação aos maiores. Mesmo se o que deseja é dinheiro, comece com o objetivo de ter uma fração da quantia esperada. Então, se o objetivo é 10 mil libras, trabalhe para fazer 100 libras no início. Depois de conseguir as 100 pode tentar outras 100 até chegar à quantia alvo.

Nós temos quatro tipos de hormônios de prazer no corpo: dopamina, serotonina, ocitocina e endorfinas. Dopamina, em particular, nos motiva a agir por nossos objetivos e provoca prazer quando os conquistamos. Quando nos falta entusiasmo para alguma tarefa é sinal de que nosso nível de dopamina está baixo.

Quando você reparte os objetivos em objetivos menores, você conserta isso. Seu cérebro vai comemorar toda vez que você atingir um objetivo, liberando dopamina. Então você terá ânimo para agir e atingir seus outros objetivos.

Se o seu objetivo final tiver prazo, certifique-se de que cada objetivo menor tenha uma data limite. Você só consegue alcançar objetivos maiores no tempo determinado se os menores também tiverem limite de tempo.

Se ainda luta para derrotar a procrastinação, experimente as técnicas abaixo:

1. **Livre-se de todas as distrações possíveis,** mesmo se isso significar mudar o ambiente. Você alguma vez já sentiu fome e acabou lanchando alguma coisa pouco saudável simplesmente porque estava à mão? Se não estivesse ali a tentação não existiria. Nós nos distraímos com coisas que estão à nossa disposição.

2. **Crie incentivo para completar a tarefa.** Por exemplo, resolva que vai encontrar os amigos mais tarde se terminar o que tiver para fazer. Assim terá alguma coisa boa em vista e isso dará a motivação para você agir.

3. **Crie intervalos para fazer algo prazeroso.** Todos nós precisamos de uma folga quando estamos trabalhando, mas certifique-se de que suas pausas durem um tempo determinado. Se quer assistir a um episódio de uma série, marque um tempo para isso e não exceda.

4. **Seja criativo.** Faça suas tarefas mais atraentes. Em atividades que não exigem muito raciocínio, você pode ter música ao fundo. Isso aumenta sua vibração. Cantar junto tornaria a atividade ainda mais prazerosa.

5. **Procure ajuda se precisar.** Nunca tenha medo de pedir ajuda. Converse com alguém que realizou recentemente um objetivo parecido com o seu. Isso pode servir de inspiração e a pessoa pode dar orientações valiosas.

6. **Crie multas por não agir.** Por exemplo, pode resolver que se não for à academia hoje, ficará sem televisão a semana inteira. Para garantir que não volte atrás conte para outras pessoas o que decidiu. E isso me leva ao último conselho...

7. **Anuncie suas intenções para amigos de confiança.** Isso lhe dará responsabilidade. Eles saberão se você não cumprir seus planos e podem até dar algum incentivo para que você consiga terminar o que resolveu fazer.

A sociedade das soluções imediatas

Paciência é imprescindível para conquistar seus objetivos. Seus desejos podem levar um tempo para acontecer. Se você acredita que está fazendo todo o possível para que seus objetivos se manifestem, às vezes só precisa praticar um pouco de paciência. Aceite o hoje como é e seja otimista no caso de atrasos, contratempos e desafios.

O tempo é o bem mais precioso que temos. Quando usamos, ele se esgota para sempre. Por isso, empresas que economizam o tempo dos clientes costumam prosperar. Mas enquanto essas firmas têm a capacidade de melhorar sua vida significativamente, elas também contribuem para criar uma sociedade acostumada com soluções rápidas.

A sociedade das soluções rápidas exige soluções instantâneas. Esperamos que as coisas sejam feitas naquele momento. Queremos usar menos esforço e menos tempo para obter um resultado desejado. Vendedores de roupa na internet entregam no dia seguinte. Serviços como Amazon Prime enviam todo tipo de mercadoria em um dia. Se você quer assistir a um filme ou a um programa de televisão pode entrar na Netflix e escolher. Se quer sair com alguém basta pesquisar em um aplicativo de relacionamento. Refeições podem ser congeladas e aquecidas em poucos minutos no micro-ondas. Paciência não tem mais utilidade, podemos ter o que queremos sem demora.

Não há nada de errado em aproveitar essas coisas de vez em quando, mas isso acabou criando uma cultura de impaciência. Não queremos esperar e, se temos de esperar, podemos perder a fé nas nossas intenções. Achamos que as coisas devem vir rapidamente, com o mínimo de esforço. Não me entenda mal: se você pode obter uma coisa ótima na velocidade de um raio, isso é fantástico. Só não se esqueça de que a maior parte das coisas na vida exigem esforço e paciência.

Esse modo de vida de soluções rápidas nos estimula a desistir dos nossos objetivos se eles não se manifestam com a rapidez que imaginamos e a seguir para outro. Isso jamais será gratificante. Muitas vezes seus objetivos não estão escapando. Das duas, uma: ou você não se esforçou bastante ou então está esperando que as coisas aconteçam instantaneamente. Pratique um pouco de paciência.

Você terá o emprego, o companheiro, a casa, o carro etc. Só não apresse o processo. Confie. Você tem de crescer nos seus sonhos.

Troque prazeres efêmeros por ganhos duráveis

Você não está perdendo nada importante se usa o tempo para tornar sua vida superior.

Hoje em dia costumo sair só quando é alguma comemoração. Mas no fim da adolescência e no início dos vinte anos ia a muitas boates em muitos lugares. Cheguei a voar do Reino Unido para Cancun, no México, só para conhecer o famoso *spring break*, um período de férias curtas, mas muito celebradas pelos norte-americanos. Eu vivia o momento. Isso é importante porque, como aprendemos, nós só temos esse momento atual e devemos aproveitá-lo. Mas um equilíbrio saudável entre viver o momento e investir no futuro é sempre recomendado quando temos objetivos.

Quando trabalhei em um escritório, toda sexta-feira ficava animado porque sabia que ia comemorar um final de semana livre do trabalho. Comecei a viver pelos finais de semana, mesmo sabendo que a vida era mais do que isso. O final de semana era o momento de me recompensar. Bebia muito e gastava meu dinheiro em boates. Naquele momento, quando estava bêbado, eu me sentia ótimo!

Mas o que meus atos realmente diziam era o seguinte:

> *Olhem para mim! Estou trabalhando horas a fio em um emprego que não me agrada, para alguém que não me respeita. Por isso vivo pelos finais de semana, para comemorar a minha liberdade e gastar meu dinheiro suado com substâncias letais que vêm em garrafas elegantes e pelas quais cobram os olhos da cara. Assim posso me sentir melhor na vida por um momento, fugindo da realidade que encaro durante a semana de trabalho, impressionando gente que pode estar em situação parecida com a minha.*

Lá no fundo estava sempre imaginando quando a minha vida ia começar a parecer com minha visão de ter meu próprio negócio, de fazer alguma coisa que me agrada. Esperava que se transformasse por sorte.

Eu sempre reclamava que não tinha dinheiro para investir nos meus sonhos. Era irônico, mas sei que não sou o único. As pessoas muitas vezes reclamam que não têm tempo ou dinheiro para iniciar um negócio próprio e ao mesmo tempo gastam muito tempo e dinheiro em atividades de lazer. Em alguns lugares, um único copo de bebida alcoólica custa mais do que um livro. Qual dos dois pode mudar a sua vida? As pessoas investem nos lugares errados, e muitas vezes sem querer fornecem fundos para o sonho de terceiros. De alguém que trabalhou muito duro e que agora tem seus sonhos realizados graças ao seu dinheiro.

Há gente demais vivendo como eu vivia. E se não é saindo para beber é outra coisa. Sim, devemos nos divertir na vida e aproveitar o máximo de cada momento. Mas desistir do que queremos mais pelo que queremos *agora* pode impedir que sua vida tenha os verdadeiros tesouros.

Eu acredito que todos estamos destinados a ter uma vida superior. Mas entendo que muita gente não quer adiar as breves gratificações pelas recompensas de longo prazo. Quando você não quer deixar para depois os prazeres temporários, isso pode ter enormes implicações no seu futuro.

A maioria das pessoas vive pensando: "quando eu tiver x serei feliz", mas isso é uma ilusão. No entanto, você pode ter prazer no presente vivendo com consciência, gratidão e alterando seu ponto de vista.

Você é livre para fazer suas escolhas, mas não pode escapar das consequências delas. Às vezes temos de sacrificar pequenas coisas para conseguir as maiores bênçãos da vida.

Não estou dizendo que você deve ignorar todas as suas necessidades ou parar de se divertir. Mas forme um equilíbrio saudável entre trabalho e diversão enquanto modera onde aplica seu tempo e sua energia.

Fé *versus* medo

Não importa quanto você se preocupe, seu problema não vai desaparecer. Seja mais sábio com a atenção e energia que despende. Você só pode se erguer no mundo quando tiver suas angústias, medos e preocupações sob seus pés.

Fé é uma escolha que fazemos para manter o otimismo. Às vezes pode ser extremamente difícil demonstrar fé nos nossos objetivos. O medo aparece e nos engana. Ele nos afasta de toda a grandeza que merecemos.

O medo é o mecanismo que nos ajuda a evitar danos físicos ou a morte. Mas o usamos muito para ficar no conforto, para evitar desafios. Usamos o medo de forma errada e ele acaba prejudicando nosso progresso e impedindo que alcancemos todo o nosso potencial. O medo torna medíocres nossas vidas porque nos força a fugir do nosso potencial em vez de qualquer outra coisa que seja realmente ameaçadora. O medo nos faz recuar para nossas vidas comuns e controla nossas escolhas. Usamos nossa preciosa energia para imaginar o que poderia dar errado, em vez de ter fé no que pode dar certo. E nossos atos refletem isso.

Tanto a fé quanto o medo pedem para você acreditar em algo que não pode ver. Você pode temer sair no frio porque acredita que vai ficar doente, mesmo que não esteja doente no momento e não é provável que a exposição ao frio possa provocar uma doença. Isso é apenas a sua imaginação, até que se manifeste como realidade.

Nós fazemos suposições baseadas no medo o tempo todo. Infelizmente, quando alimentamos essas suposições elas se espalham para nossas experiências.

O medo é um estado de vibração baixa, portanto traz mais do que você *não* quer na sua vida. Diferentemente da fé, ele tira o poder da mente e isso se reflete nas suas experiências. Se você remover o medo, sua experiência melhora. Por exemplo, um cirurgião sem medo vai hesitar menos e ficar mais concentrado. As tomadas de decisão serão consideravelmente melhores e o resultado será um desempenho melhor.

Substituir o medo pela fé nos encoraja a fazer o impensável. Nos ajuda a explorar um mundo de possibilidades. A fé não torna as coisas mais fáceis, mas as torna possíveis. Quando estiver lutando pelos seus objetivos você deve ter uma fé inabalável que se mantenha forte quando desafiada por opiniões maldosas ou contratempos infelizes. A fé à qual me refiro é aquela que diz "eu vou vencer", quando tudo que você vê são derrotas.

Às vezes a única coisa que temos é a nossa fé. Nossa fé no sentido de que as coisas vão melhorar. Agarre-se a ela e continue acreditando, mesmo que seja o único a fazê-lo.

Fluir com o Universo

Abrace as boas vibrações e aprenda a deixar as coisas fluírem. Não há necessidade de forçar resultados. Quando você está em harmonia com o Universo o que tem de ser seu virá para você.

Ninguém no mundo conseguiu realizar todos os seus objetivos, na hora que desejou. Você pode mudar resultados através das suas vibrações, mas deve aceitar que as coisas vão se manifestar em seu próprio tempo e para o seu maior bem – às vezes de formas que você não tinha imaginado.

Quando você aprender a aprimorar suas habilidades de manifestação, deve desapegar do objetivo. Se tentar forçar ou controlar o resultado, você vai criar resistência sentindo medo e tendo dúvidas. Quando seu coração está em alguma coisa o que acontece só pode ser bom.

Isso pode não parecer verdade sempre. Mas lembre que rejeições são apenas um redirecionamento para coisas melhores. Contratempos são pausas para pensar, oportunidades para alterar seus planos... para melhor. E por maior que um fracasso possa parecer no momento, há *sempre* uma lição a aprender. Só com fé nós podemos reconhecer o valor das nossas aparentes quedas. O que realmente queremos muitas vezes vem num pacote diferente.

Aprenda a desapegar e deixar as coisas fluírem. Como mencionei no início desse livro, o conceito de ação e inação deve ser equilibrado. Sua função é fazer o melhor que pode para conseguir isso.

PARTE SETE

Sofrimento e propósito

Introdução

*A vida não briga com você por ser fraco,
ela briga porque você é forte. Ela sabe que
se der sofrimento você vai concretizar seu poder.*

O grande filósofo grego Aristóteles afirmou que tudo acontece por algum motivo. Você pode aplicar isso considerando que todas as experiências na sua vida são destinadas a moldá-lo e a ajudá-lo a amadurecer até a mais elevada e poderosa versão de você. Isso quer dizer que mesmo uma experiência negativa pode ser vista como uma oportunidade de crescimento, em vez de um tempo de sofrimento. (Não significa que não devemos sofrer ou sentir tristeza quando passamos por experiências dolorosas na vida, e é importante nos dar tempo para curar depois desses acontecimentos.) Se você sempre banca a vítima quando alguma coisa dá errado, a vida vai sempre tratá-lo como vítima. Não deixe que as circunstâncias definam seu futuro.

O que Aristóteles disse pode nos fazer pensar "sim, eu concordo". O que nos dá esperança ou nos incomoda um pouco. Entendo por que algumas pessoas podem achar a frase irritante. Quando alguém passa por uma experiência horrível, é muito difícil ver um porquê para tal. Só sentimos dor e podemos achar que, se nos disserem isso, só demonstra ignorância da pessoa a respeito da nossa situação.

No entanto, a maioria de nós passa por pelo menos um período da vida que acha cruel demais. Então podemos nos identificar com as pessoas até certo ponto, mesmo sem entender exatamente, porque já nos sentimos assim.

Às vezes só precisamos acreditar que existe um bom motivo para o fato, e que ele vai se revelar quando estivermos prontos para reconhecê-lo.

Um professor que eu tive uma vez contou uma história de como o irmão dele perdeu o último trem na cidade em que estudava, quando ia passar um feriado em casa. Ao perder o trem o irmão ficou arrasado e com raiva de si mesmo.

Contudo, mais tarde, ele soube que tinha havido um acidente trágico com o trem que ia pegar e que quase todos os passageiros morreram. Ao ouvir isso, ele agradeceu a Deus por salvá-lo do que poderia ter sido seu último suspiro e disse "há um motivo para tudo o que acontece". Tenho certeza de que os amigos e a família dos passageiros mortos não teriam concordado, mas do ponto de vista do irmão a frase fazia muito sentido.

Se não fosse a morte do meu pai quando eu era bem jovem, eu não estaria aqui sentado tentando inspirar as pessoas. Eu teria histórias completamente diferentes para contar porque minhas experiências teriam sido completamente diferentes. Isso não minimiza o fato de ele ter morrido. Com meu pai por perto talvez eu tivesse podido evitar muitos percalços. Mas a frase nos dá uma visão de empoderamento para podermos seguir em frente na vida.

O passado não pode ser mudado, só o modo como o percebemos. Criando essa mudança de mentalidade começamos a crer que tudo que acontece conosco também acontece *por* nós. Quando começamos a mudar nossa percepção para essa ideia positiva, nossa vida melhora. Se não mudarmos, perdemos a alegria e ficamos presos a estados de vibração baixa.

*Só porque não vemos o motivo
por trás de um momento difícil
não significa que não exista.*

Sofrimento faz com que as pessoas mudem

A vida nos põe à prova logo antes de nos abençoar.

Algumas das melhores mudanças na vida resultam das experiências mais dolorosas. Precisamos vivenciar pontos baixos na vida para ganhar a sabedoria, a força e o conhecimento de que precisamos para dar valor aos pontos altos.

Quando temos pontos baixos na nossa jornada para a mudança, a vida pode parecer confusa e desafiadora. É extremamente difícil ter segurança no processo e ter fé de que boas coisas virão depois. Mas precisamos lembrar que usando as lições que aprendemos no caminho podemos fazer escolhas melhores seguindo em frente. Se você já teve seu coração partido antes, pode resolver prestar mais atenção ao escolher um companheiro. Isso pode levá-lo ao caminho para encontrar sua alma gêmea, alguém que trate você muito melhor do que qualquer pessoa antes.

Toda escolha que você faz leva a mais escolhas. Na sua vida cotidiana, lembre que se fizer uma única escolha diferente você pode ter um dia completamente diferente. Imagine um menino que marcou seu primeiro encontro com uma menina no cinema. O menino resolve comer alguma coisa antes de ir e fica com dor de barriga. Então ele tem de ir ao banheiro e acaba se atrasando. A menina cansa de esperar e sai do cinema minutos antes dele chegar.

Quando ele chega ao cinema e vê que ela foi embora, decide voltar para casa e dá um encontrão acidental numa menina pela qual se sente atraído imediatamente. Agora imagine os dois conversando, se apaixonando, casando e tendo filhos. Tudo isso aconteceu porque ele se atrasou para o encontro com a primeira.

Tudo está conectado. Se algo trágico aconteceu no seu passado, pense em alguma coisa boa que aconteceu recentemente – as duas coisas estão ligadas. Aquela primeira mudou suas escolhas e levou você a vivenciar algo bom.

Às vezes temos de dar uma espiada nos acontecimentos da nossa vida para começar a unir os pontinhos. Provavelmente existiu um motivo para cada acontecimento. Se olharmos com atenção as coisas podem começar a fazer sentido. Se tiverem sentido, certamente vamos saber que todos os acontecimentos futuros, sejam eles dolorosos ou prazerosos, têm um propósito.

Lições que se repetem

A vida condiciona você. Bate em você, chuta quando está caído e pisoteia você. Mas você sobrevive e dá a volta por cima como a nova e melhorada versão de si mesmo. Porque você já superou os desafios que algumas pessoas ainda acham difíceis.

Na próxima vez que você rezar para alguma coisa mudar, entenda que está nessa situação para *você* poder mudar. A vida nos dá lições com as quais podemos lidar e que trazem à tona o melhor de nós. Então ela nos testa para garantir que aprendemos. Alguns desses testes são cruéis e outros bem leves.

De vez em quando enfrentamos os mesmos obstáculos repetidamente, porque ainda temos o que aprender. Pode ser que não tenhamos aprendido a lição direito. A melhor forma de confirmar se alguém aprendeu sua lição é testar essa pessoa mais de uma vez, e mais adiante. Eu poderia dar uma lição para você agora e como ainda estaria recente na sua cabeça, você provavelmente conseguiria passar num teste sobre essa lição com facilidade.

Mas se eu desse o teste alguns meses depois, seria um desafio maior. Esse seria o verdadeiro teste para ver se você entendeu ou não o que foi ensinado. Por exemplo, se você apressa o relacionamento com alguém que mal conhece e acaba se magoando, a lição pode ser que você precisa conhecer alguém antes de mergulhar numa relação com essa pessoa.

Apenas dizer que você aprendeu a lição pode não bastar. Você precisa **provar**.

Então o Universo apresenta outra pessoa para você, alguém com um charme irresistível. Para provar que você aprendeu a lição precisa mostrar. Se você entrar nesse outro relacionamento rápido demais, a chance de se magoar de novo é real. Mesmo que esse exemplo não seja tão sério, espero que você entenda que às vezes recebemos o mesmo teste mais de uma vez, e pode ser ainda mais difícil na segunda ou na terceira vez.

Observe os sinais

Você não entra em um carro já achando que vai sofrer um acidente. Essa seria uma forma de viver cheia de medo e ia levá-lo à loucura. Mas você ainda pode tomar providências como usar o cinto de segurança para evitar ferimentos graves caso um acidente aconteça. Esse ato também pode vir do medo, mas é para isso que existe o medo: para nos proteger do perigo.

Se você provocou um acidente por ter bebido demais, mas sobreviveu, seria uma irresponsabilidade ainda maior fazer isso de novo. Se fizesse, seria voluntário para outro acidente, com o potencial de levá-lo à morte. Em outras palavras, você está ignorando a lição e sugerindo para o Universo que deve receber essa lição outra vez.

Por isso preste atenção nos sinais. Você está sendo sempre guiado pelo Universo para viver com propósito, autenticamente, e para vivenciar as melhores coisas da vida. Mas se alguma coisa não acontecer como você queria, pergunte o que pode aprender com isso. Porque todas as experiências más têm um aprendizado a ser assimilado. Pergunte para você mesmo quais mudanças precisa fazer. E não mascare escolhas nocivas com otimismo quando sabe que não são corretas, nem deixe as carências emocionais e o conforto temporário estimularem-no a persistir no sofrimento.

Se você continua comendo o bolo que fez mal para você, não é mais vítima dele, você se torna um voluntário faminto.

Seu propósito maior

Você chegou aqui cheio de potencial, habilidade, dons, sabedoria, amor e inteligência para compartilhar com o mundo. Você está aqui para tornar o mundo um lugar melhor. Você tem um propósito e até começar a vivê-lo terá um vazio por dentro. Um sentimento que não consegue explicar, mas sabe que você foi destinado a ser mais.

Eu acredito que todos têm um propósito na vida: o propósito de servir ao mundo. Esse propósito, junto com a experiência do amor incondicional e da felicidade, é a razão da sua existência. Propósito nos dá significado.

A maioria de nós acha difícil identificar qual é o nosso verdadeiro propósito. Outros têm a sensação de que sabem qual é, mas muitas vezes são forçados a se conformar com as normas da sociedade e rejeitam o verdadeiro propósito em nome da praticidade.

Pense numa bola de futebol. O propósito dessa bola é ser chutada. Se a bola fica lá parada no canto de um quarto, seu propósito está sendo ignorado. Mas ela não se importa, porque não tem alma. Imagine agora que a bola tem uma alma que dá a ela consciência de si mesma. Se a bola ficasse parada num canto ela teria uma sensação estranha, de que falta alguma coisa. A bola pode não se realizar porque provavelmente sente que não mostrou ao mundo seu real valor.

Agora imagine que alguém finalmente pega a bola e resolve jogá-la por aí. Quando gira no ar a bola sente prazer. Mas minutos depois se sente vazia de novo porque apesar de ter se divertido, não tinha sido o bastante.

A bola então pode ter sido usada de várias maneiras, viu bastante ação, mas continuava frustrada. A bola acha que se mais coisas acontecerem na sua vida estará mais próxima da realização. Mas mesmo com mais acontecimentos e experiências essa ideia não valeu.

Até que um dia alguém *chutou* a bola. Naquele momento tudo fez sentido para a bola. Ela entende para que tinha sido feita: para ser chutada. Relembra os acontecimentos passados e começa a juntar os pontinhos. Quando era jogada no ar e quando sentia alguém segurando-a ficava animada porque estava próxima do seu propósito. A bola agora sabia o que estava procurando o tempo todo.

Nós temos alguma satisfação quando nos aplicamos aos papéis que não são nosso propósito essencial, mas essa satisfação costuma durar pouco. Não estou dizendo que não podemos ficar alegres. Afinal, sempre dá para aumentar nossa vibração. Mas só podemos sentir a realização máxima quando atingimos o propósito para o qual fomos feitos.

Você pode achar que a ideia de ter um propósito mais elevado é exagero, mas se encontrasse um smartphone no meio de um campo, ia supor que alguém tinha deixado cair. Não ia pensar que algo tão complexo se formaria naturalmente, por eventos da natureza, em milhões de anos, sem um projetista. No entanto, acreditamos que todos os seres humanos, bem mais complexos do que um smartphone, foram produzidos por uma série de mutações e que os mais adaptados sobrevivem.

Muitos de nós parecem aceitar que não temos um propósito na vida e que cada um é apenas mais um ser humano nesse Universo com bilhões e bilhões de galáxias. Mas, assim como o smartphone, deve existir um propósito na nossa existência.

Quando as pessoas passam a vida sem acreditar em um propósito maior elas não estão aproveitando ao máximo sua existência. Esses indivíduos podem passar a vida toda apenas tentando sobreviver. O objetivo deles sempre será determinado pela sobrevivência diária, a necessidade de pagar a próxima conta. É claro que as contas têm importância. Precisamos pagar comida, água, abrigo, roupas e utilidades. Mas você acredita sinceramente que foi posto nesse planeta só para existir assim e depois morrer? Você realmente acredita que a vida é só fazer dinheiro?

A vida é grandiosa se você vive com um propósito. Quando encontra uma razão significativa para fazer o que faz você se sente completo.

Como aconteceu comigo, muitas pessoas trabalham em empregos que não significam nada para elas e vivem pelos dois dias de liberdade nos fins de semana. Nesses dois dias fazem muito pouco ou saem para consumir e aproveitar aquela liberdade, como eu fazia indo para boates todo final de semana. Durante a semana as pessoas ficam esperando aqueles dois dias, desejando que o tempo passe porque querem que o tempo longe do trabalho – seu "tempo livre" – chegue mais rápido. O resultado é que a vida inteira pode passar num átimo.

Muitas vezes a vida é difícil e o dinheiro realmente nos dá muito mais liberdade. Mas tenha fé de que você pode servir a um propósito para a humanidade e também atender às suas necessidades financeiras. Esse propósito não precisa ser algo gigantesco, você não precisa ser o próximo Dalai Lama nem o próximo Mark Zuckerberg. Mas precisa buscar mais valor e a única maneira de conseguir isso é fazendo algo que goste de todo coração. Por isso a paixão é um fator importante para viver uma vida grandiosa.

Nem todos sabem qual é a sua paixão. O médium espiritual Darryl Anka afirma que canaliza um ser conhecido como Bashar, que diz que seguir sua "excitação" é o caminho mais curto para compreender o que você quer. O próximo passo deve ser sempre o que você acha mais excitante. Segundo Bashar, você não precisa justificar, basta fazer.[15] Então aja de acordo com o que quer que o excite, estimule. Certifique-se de não escolher alguma coisa que você rotula de excitante porque não consegue pensar em mais nada, ou porque acha que outras pessoas vão considerar excitante.

As coisas pelas quais você é naturalmente atraído não são aleatórias. Elas escolhem você da mesma forma que você as persegue. Realmente é simples assim.

Então não complique tudo achando que precisa ter tudo organizado. E não seja desonesto com você mesmo se forçando a agir fazendo algo que acha que é impossível. Por exemplo, se você realmente gosta de desenhar, pode começar criando um site ou uma conta em redes sociais para compartilhar seu trabalho com o mundo. Não tente vender seus desenhos por milhares de libras logo de cara, especialmente se isso parecer pouco provável nesse estágio. Deve ser alguma coisa que você esteja disposto a fazer de graça, sem qualquer expectativa, porque é realmente a sua paixão. Se não te deixa animado, entusiasmado, não é o certo para você.

---

15 "Bashar: Finding your highest excitement" (New Realities, YouTube, 26 de setembro de 2006).

Não precisa abandonar imediatamente seus compromissos atuais e pôr em risco suas obrigações financeiras. Mas precisa estar sempre curioso, querendo muito a mudança positiva e dando passos para chegar às coisas que estimulam a sua mente, seu corpo e sua alma.

Não se preocupe com o próximo passo que vai dar nem como as coisas vão se desenrolar para você. Lembre que se mostrar sua animação para o Universo, ele dará mais coisas para entusiasmá-lo. Virão oportunidades maravilhosas para ajudá-lo a descobrir seu caminho na vida, desde que você entre em ação e siga os sinais.

Pequenos passos são bons porque levam a coisas maiores. Com o tempo você vai descobrir como fazer da sua paixão seu sustento. Pode ser uma extensão do que já está fazendo ou, se não gostar da profissão que exerce, vai ser capaz de abandoná-la um dia e se empenhar no seu propósito em tempo integral.

Você foi criado com intenção. Você está aqui para ajudar, amar, assistir, salvar e entreter. Você está aqui para inspirar e fazer brotar um sorriso no rosto de alguém. Você está aqui para fazer a diferença. Não estaria nesse planeta, nesse momento, se não tivesse algo a oferecer.

Existe um propósito para a sua existência e quando descobrir qual é, além de mudar a dinâmica do mundo, vai também vivenciar abundância em todas as áreas da sua vida.

Dinheiro e ganância

*Dinheiro é meramente energia,
nem boa nem má, e ilimitada em nosso
Universo infinitamente abundante.
Faça o dinheiro ajudá-lo, não o completar.*

Às vezes as pessoas sentem que é errado fazer dinheiro vivendo seu propósito na vida, então vamos parar um pouco para definir o que dinheiro realmente é. Antes que você diga que é algo simbólico usado para completar uma transação de bens e serviços, ou qualquer coisa nesse gênero, vou pedir para parar. Dinheiro é simplesmente energia!

Por isso o dinheiro não é bom nem ruim. O rótulo que você dá é seu e seu modo de interpretar dinheiro depende de como atraímos situações positivas ou negativas em relação ao dinheiro.

Há pessoas que fazem grandes coisas com o dinheiro enquanto o modo com que outras pessoas usam-no pode refletir o sofrimento em suas mentes. Dinheiro é apenas um amplificador. Se você não está tentando criar valor espalhando bondade e amor quando tem pouco dinheiro, o que o faz pensar que vai fazer isso quando tiver mais?

O dinheiro flui para os que acreditam que merecem e são capazes de ganhar. Deixe-me perguntar agora, como você vê o dinheiro? Acredita que você merece ter mais dinheiro? O seu subconsciente e sentimentos a respeito do dinheiro vão revelar muita coisa sobre sua realidade atual e a que você terá se essas ideias continuarem as mesmas.

Alguns dizem que o dinheiro é a raiz de todo o mal, mas continuam rezando por ele. Isso é como ir a um Burger King, fazer o pedido e sair antes de receber o que pediu. Como é que o Universo pode entregar seu pedido se você já cancelou?

Alguns se sentem mal por querer mais dinheiro, ouvimos dizer que são gananciosos. A verdade é que a maioria quer mais dinheiro para poder vivenciar a liberdade financeira e ter o estilo de vida desejado, sem restrições. Isso pode incluir querer sair de férias com seus entes queridos sempre que quiser e não ter de se preocupar com o que gasta quando estão viajando. Se você acha que isso é ganância porque outros jamais terão esse estilo de vida, está supondo que a) o fornecimento de dinheiro é limitado e b) os outros nunca conseguirão escapar da vida que levam agora para ter o mesmo nível de liberdade.

A ganância funciona na base de que o suprimento de alguma coisa é limitado e que você quer a maior parte, o que terá como consequência o sacrifício do bem-estar de outra pessoa.

> *Somos levados a crer que existe apenas uma quantidade limitada do que queremos, mas a verdade é que a abundância é infinita, está disponível para todos e é fornecida pelo Universo.*

Então a limitação é apenas produto da sua mente. Quando você se concentra nas suas carências projeta para o Universo uma vibração com base no medo, que traz mais coisas que provocam medo. Você teme perder dinheiro, tem medo de gastá-lo porque não sabe se vai ter esse dinheiro de novo. E aí, mesmo que esteja se esforçando para conservar o dinheiro, sua vibração pode criar um caminho para dificuldades financeiras.

Se empenhamos nossa energia na pobreza, manifestamos pobreza. Não estou dizendo que você não deve economizar seu dinheiro nem que deve simplesmente jogá-lo fora. Mas você deve se concentrar na prosperidade. Existe poder em acreditar e permitir que a riqueza flua para você.

Muitas vezes nos passam ideias de penúria e limitação, quando a verdade é que temos poder criativo e controle sobre nossas circunstâncias. Quando os indivíduos conseguem injetar medo nas massas, a vibração geral da consciência coletiva projeta mais medo ainda, além de pobreza e destruição. É uma forma eficiente de controlar a humanidade.

O dinheiro está disponível para todos e a distância entre você e ele é determinada apenas pela sua atitude em relação a ele. Mas lembre que o dinheiro só ajuda, não completa ninguém. Não é ele que dita o seu propósito na vida. Você não pode acrescentar valor no mundo e servir aos outros acumulando muito dinheiro. Também é necessário desejar fazer diferença.

Conquistar a verdadeira felicidade

A felicidade não vem das outras pessoas nem de lugares ou coisas. Ela vem de dentro de nós.

Eu limitei o uso da palavra "felicidade" em todo o livro para poder deixá-la para o fim. Espero que você veja que elevando sua vibração e tendo sentimentos de alegria está realmente vivenciando felicidade.

Somos levados a acreditar que a felicidade se baseia em influências externas: pessoas, lugares, coisas. Nós temos todos esses objetivos e desejos na vida, acreditando que quando os atingir seremos felizes para sempre. Quando encontrarmos um amor, seremos felizes. Quando comprarmos nossa casa, seremos felizes. Quando perdermos 10 quilos, seremos felizes. Essas coisas podem dar felicidade temporária, mas isso é efêmero – não permanece. Por isso, quando conseguimos essas coisas continuamos perseguindo a felicidade duradoura com outros estímulos externos.

Dinheiro, por exemplo, é frequentemente associado à felicidade e até ao sucesso. Mas você vai aprender com as pessoas mais ricas do mundo que mesmo com montes de dinheiro ainda se pode ficar triste. Se o dinheiro foi usado para medir felicidade e sucesso, em que ponto a escala começa ou termina? Afinal, os números não acabam. Você pode facilmente querer mais e mais, mesmo depois de atingir seu alvo. Então não pode usá-lo como ferramenta de medição.

Expliquei no início desse livro que queremos as coisas porque achamos que quando as tivermos seremos felizes. O mesmo se aplica ao dinheiro que queremos: não queremos o dinheiro por ele mesmo, queremos a segurança e a liberdade que ele nos dá, porque acreditamos que isso nos fará felizes.

Mas se você fosse a única pessoa no planeta e tivesse acesso ilimitado ao dinheiro, que utilidade teria? Que tal ser capaz de pagar qualquer viagem de férias ou aventura louca que quisesse, se sua saúde fosse péssima? E quanto a poder comprar tudo que sempre quis e ser negligenciado pelo mundo todo? Ou até receber um fornecimento ilimitado de dinheiro trabalhando no pior emprego que existe, 20 horas por dia?

Mesmo o seu parceiro ou sua parceira ideal não controla a duração da sua felicidade. Eles só podem afetar sua felicidade relativa, que pode desaparecer em segundos se as condições externas mudarem – se ele ou ela agem de tal forma que faz mal a você, por exemplo.

A indústria da propaganda é perita em brincar com a sua felicidade porque aposta no conhecimento de que todos nós queremos ser felizes. "Compre isso e será feliz", diz a publicidade. Você compra e seis meses depois eles lançam uma nova versão. Você percebe então que o produto anterior não gerou a felicidade duradoura, por isso compra o novo esperando que resolva. E o ciclo se repete.

E se você pudesse ser feliz o tempo todo? Não é esse o objetivo final? Significa estar feliz com o que tem *em qualquer momento*... pelo resto da vida. Poderíamos dizer que felicidade duradoura é o verdadeiro sucesso.

Felicidade de verdade é isso. Durável e acontece quando você mantém a frequência mais alta, apesar de tudo que está ocorrendo no nível superficial da sua vida. Eu acredito que esse é o lugar em que todos queremos estar, onde as pessoas e os acontecimentos não são capazes de mudar nosso estado emocional natural de amor e felicidade.

Para manter a felicidade você precisa se esforçar para dominar a si mesmo. É uma jornada ao nosso interior que requer crescimento espiritual significativo. Escolher pensamentos que dão poder em vez dos que limitam tem de ser sua maneira natural de pensar. Você deve tornar um hábito ver o lado bom das coisas e desapegar do passado. Parar de viver no futuro e dar valor ao lugar em que está e ao que tem no momento. Deve parar de fazer comparações e gostar de tudo nesse mundo, incondicionalmente. Aceite o que existe. Seja feliz.

Palavras finais

Partir em busca de uma vida maior não é nada fácil, por isso algumas pessoas se contentam com menos. Mas se você parar para absorver o que aprendeu neste livro e começar a agir com determinação, positividade e tenacidade, não será uma dessas pessoas. Com um pequeno passo de cada vez você vai criar um impulso contínuo e chegar mais perto da vida que sonhou ter.

Lembre que existe uma lição em cada desafio, uma lição em cada fracasso, por isso suas falhas não têm de ser falhas, são apenas curvas no seu caminho para a grandiosidade. Se você empenhar todo o seu coração em conseguir alguma coisa e isso não funcionar, pode contar que é uma certeza do Universo de que não era a coisa certa para você. Algo melhor está a caminho. Continue.

Lembre também que tem de confiar nos seus instintos. Preste atenção à sensação lá no fundo que avisa sobre um relacionamento tóxico. Ouça aquela voz na sua cabeça que diz que está perdendo seu tempo. Respeite seus limites pessoais e peça para os outros respeitá-los também. Se alguma coisa não parecer certa é porque não deve ser mesmo. E se algo parece maravilhoso, profundo e poderosamente certo, provavelmente é. Vá nessa. Deixe fluir.

Tenha fé. Deixe o medo para trás e sua vida mudará de comum para extraordinária. Você vai se conectar com seu propósito maior – porque é impossível isso deixar de acontecer se estiver lutando com todas as suas células para viajar na vida comprometido com o seu crescimento pessoal.

Você tem tudo o que precisa para criar uma vida bela e excitante, e tudo começa com amar a si mesmo. Tendo e mantendo uma vibração alta você conquistará seus sonhos. E mesmo que leve muito tempo, sua vibração alta fará com que se sinta bem em todo o caminho. É isso que realmente queremos, não é? Viver uma vida boa.

Eu juro que com dedicação à autoestima você conquistará o que parece incrível. Pode não ser um passeio no parque. Pode levar tempo. Talvez você tenha de fazer sacrifícios para avançar na sua jornada. Mas valerá a pena.

É a sua vez.

Vex King

A missão do autor

Você pode achar isso meio estranho, mas em várias ocasiões desconhecidos me abordaram para transmitir mensagens parecidas com essa que dou em meu livro. Quando eu tinha 21 anos me abordaram numa livraria. Uma mulher de meia-idade se aproximou e disse: "Você é abençoado, está perto de Deus, você precisa compartilhar sua mensagem com o mundo, vai ajudar muita gente."

Em outra ocasião eu estava esperando o trem para voltar do trabalho para casa. Fui andando para o fim da plataforma e todas as pessoas que estavam lá começaram a abrir caminho. Isso não costumava acontecer (cheguei a me cheirar para ver se não estava fedendo... não estava). Minutos depois uma senhora com lenço na cabeça veio falar comigo sem mais nem menos e perguntou o que eu fazia na vida. Quando respondi, ela interrompeu dizendo: "Você é especial." Confuso e preocupado, tentei me afastar dela, mas então ela disse: "Você tem muitas bênçãos de sua vida anterior, mas também deve saber o que fez de errado."

Fiquei intrigado com esse comentário, por isso continuei a ouvir o que ela dizia. Ela falou o que e quem eu era na vida anterior. Afirmou que eu fazia parte de uma equipe militar especial. Disse que eu era um dos soldados mais valiosos e que meu país tinha se beneficiado demais com meus sucessos, apesar de eu ter prejudicado e magoado muita gente também. Ela explicou os efeitos dos meus comportamentos na minha suposta vida anterior.

Apesar de parecer bizarra, a história era extremamente criativa e cativante. Ela disse o que eu precisava fazer nesta vida para completar minha missão. Uma coisa que ela deixou bem clara foi que eu não devia deixar a raiva me dominar, porque me levaria ao fracasso, e ela me encorajou a me comunicar positivamente com os outros porque eu podia curá-los.

Naquela época lembro que me esforcei para não rir porque achei aquilo tudo muito esquisito. Ela não me convenceu e percebeu isso. Finalizando ela disse: "Bom, você não precisa acreditar em mim, mas qualquer bom conselho é ouro." Quando ela disse isso, o trem se aproximou da plataforma depois de um atraso inesperado. Eu disse que precisava ir e me dirigi à porta. Ela se despediu e então disse meu nome, embora eu não tenha dito a ela. Entrei no trem, espiei pela janela e não havia sinal dela.

Toda vez que coisas assim aconteciam, eu atribuía a alguma estranha coincidência. No entanto, houve inúmeras ocasiões em que coisas parecidas ocorreram e não dei muita importância na hora. Mas agora começam a fazer sentido. Meu sofrimento me ajudou a descobrir minha paixão, que me levou a identificar meu propósito. Lá no fundo, o que me deixa mais feliz é ajudar as pessoas a aprimorarem suas vidas. Adoro ver gente vencer na vida.

No final de 2015, criei uma página no Instagram para partilhar citações minhas e pensamentos sobre a vida, o amor e propósito. Minha intenção era espalhar positividade on-line. Reconheci que essa plataforma era gratuita para o público e que eu podia acrescentar valor às vidas de mais gente sem ter de cobrar nada por isso.

A missão do autor

Em poucos meses o número de seguidores foi aumentando e mais e mais gente era atraída pelas minhas palavras. Minha popularidade aumentou, centenas de pessoas por mês me procuravam em busca de conselhos porque admiravam minha visão da vida. Ali estava uma oportunidade para orientar pessoas e guiá-las para uma mudança positiva.

Hoje digo que sou um *coach* da mente – alguém que ajuda as pessoas a exercitar uma nova forma de pensar e um jeito novo e positivo de viver. Se você tiver interesse e quiser entrar em contato, por favor visite meu site vexking.com.

Publique suas imagens, páginas, citações e experiências preferidas relacionadas a este livro nas redes sociais usando #VexKingBook para eu poder curtir e publicar na minha página.

Agradecimentos

Kaushal, minha esposa, minha alma gêmea, minha melhor amiga, obrigado não só por me encorajar a escrever esse livro, mas também por me inspirar a compartilhar minhas palavras com o mundo. Você sempre acreditou em mim e me viu como tudo que sou, não como o que não sou. Minha jornada até aqui não seria possível sem você. Eu não poderia querer uma companheira melhor.

Obrigado a vocês, minhas queridas irmãs, por toda a sua ajuda em me criar tendo de aturar todos os meus defeitos. Eu sei que nunca foi fácil, mas agradeço a sua paciência quando eu era menino. Vocês estiveram ao meu lado desde o início, vivenciando nossos tempos dificílimos juntos. Sem vocês acho que eu não aguentaria nem me tornaria o homem que sou hoje, levando minha sabedoria para os outros.

Para Jane, minha agente, e a equipe da Hay House Publishers, meu obrigado por acreditarem nesse livro e na minha visão de mudar o mundo com minhas palavras. Seu trabalho e apoio significam tudo para mim. Vocês me deram a oportunidade de mudar o mundo para melhor.

Finalizando, sou muito grato aos meus incríveis seguidores nas redes sociais que me apoiam e me inspiram a continuar compartilhando meu ponto de vista. É por sua causa e para vocês que escrevo esse livro.

Impressão e Acabamento:
GEOGRÁFICA EDITORA LTDA.